Compostelle

Compostelle

Le Camino Francès

ou un chemin vraiment pas comme les autres

Écrit et illustré par Papychette Howard

Kennedy & Boyd
an imprint of
Zeticula Ltd
Unit 13,
196 Rose Street,
Edinburgh, EH2 4AT
Écosse,
Royaume-Uni.

http://www.kennedyandboyd.co.uk
admin@kennedyandboyd.co.uk

First published in 2022
Text and illustrations © Papychette Howard 2022

ISBN 978 1 84921 241 0

All rights reserved. No part of this publication may be reproduced, stored in a retrieval system, or transmitted in any form or by any means, electronic, mechanical, photocopying, recording or otherwise, without the prior permission of the publishers.

Pour ma toute petite Eve Plus belle qu' un rêve,
Pour Olivia, qui rit de l' autre côté de la mer.

Vous rencontrerez de doctes personnes qui vous diront :
« Bien sûr, que Dieu n' existe pas ! Ce sont des histoires ! »
Moi, votre grand-mère, je vous dis :
« Dieu est Amour. Il existe, n'est-ce pas puisque nous nous aimons si fort ! »

Et pour Théodore, Maud et enfin Charlie,
qui sont venus combler notre vie de bonheur.

Remerciements

Je n'aurais pu réaliser ce livre sans l' aide considérable et la gentillesse de mon amie Mado . Elle a tapé le texte et corrigé mes nombreuses fautes.

L' orthographe n' étant pas mon «fort»

Puis toutes les amies qui ont lu le texte et qui m' ont donné des conseils que j' ai suivi.... ou pas !

Valentine qui a transféré les dessins de son ordinateur et Henri Severac qui a fait que les dialogues soient séparés du texte,

Elisabeth Aloccio,

Anne-Marie Escobar,

Gisèle Candelier,

Geneviève Palasi,

Violaine Lasry,

Fanny Berbesson-Joly,

Annie Severac,

Guy Perdon qui a repéré les dernières fautes de frappe,

Annick Mouillard qui m' a réchauffé le cœur par son enthousiasme.

Et Peter, mon mari anglais, qui se charge, "of course" de traduire le livre en anglais.

Et surtout mon éditeur Stuart Johnston —

À tous et à toutes un grand Merci.

Introduction

Pour qui est-ce livre ?... Pas pour des enfants, trop compliqué, pas pour des adultes, trop enfantin,

Mais peut-être pour des adultes qui ont gardé leur âme d'enfant…et ceux qui ont fait le Chemin.

Peter et moi, lorsque nous avons décidé de "faire le Camino" ne savions pas si nous en étions capables.

On nous avait aimablement prévenus qu'en tant que parisien, nous ne pourrions pas

Supporter le manque de confort, la fatigue et les privations !

Piqués à vif, nous avons voulu tenter, et nous sommes partis…jusqu'à COMPOSTELLE.

Nous avions beaucoup voyagé, l'un comme l'autre, mais jamais nous n'avions aimé un voyage autant que celui-là.

Nous avons fait des rencontres formidables de pèlerins venus du monde entier, et malgré le partage de joyeux dîners, nous avons remarqué combien ces personnes restaient évasives au sujet de leurs motivations profondes.

Le Camino a été voté par l'UNESCO en 1987, Premier Itinéraire Culturel Européen.

Il est vrai que la diversité architecturale, art roman, gothique, mozarabe, (chrétien subissant l'influence musulmane) mudéjar (musulmans travaillant pour des chrétiens) plus quelques rares spécimens wisigothiques et de multiples vestiges romains, sont pour qui sait les voir un émerveillement.

Charlemagne et son neveu Roland, le Cid, Christophe Colomb, Saint François d'Assise, Wagner, et bien sûr tous les rois et reines d'Espagne sont évoqués dans le récit.

Lorsque nous sommes revenus, j'ai voulu transposer cet émerveillement sur le papier avec mes dessins.

Seulement comme je n'aime pas exposer mes sentiments intimes, j'ai décidé de remplacer les humains par des petits animaux.

Il fallait pour cela que je les dote d'un passé complètement imaginaire, douloureux pour qu'ils aient envie de tourner la page, et partir pour COMPOSTELLE.

L'oie grise a été blessée par la balle d'un chasseur.

La souris blanche ballotée dans sa boîte en carton, rappelle les terribles faits des wagons en partance pour les camps de concentrations.

Quant au chien, il est réfugié politique, ayant subi des tortures.

Il y a aussi un renard qui représente les condamnés à mort du moyen âge qui pouvaient «effacer»

Leurs crimes en faisant le pèlerinage.

Quant aux sangliers, ils représentent les hôpitaux créés pour protéger les pèlerins de tous les dangers auxquels ils étaient confrontés.

Ce manuscrit est resté plus de vingt ans dans un placard, La Covid 19 nous laissant beaucoup de loisirs, avec une amie Mado, nous avons mis en page le texte et les dessins et nous esperons que nos efforts vous distrairont.

POUR CEUX ALLERGIQUES AU CONTE, IL FAUT PASSER DIRECTEMENT à LA PREMIERE ETAPE.

Nos étapes du Camino Francès
(Septembre 1994)

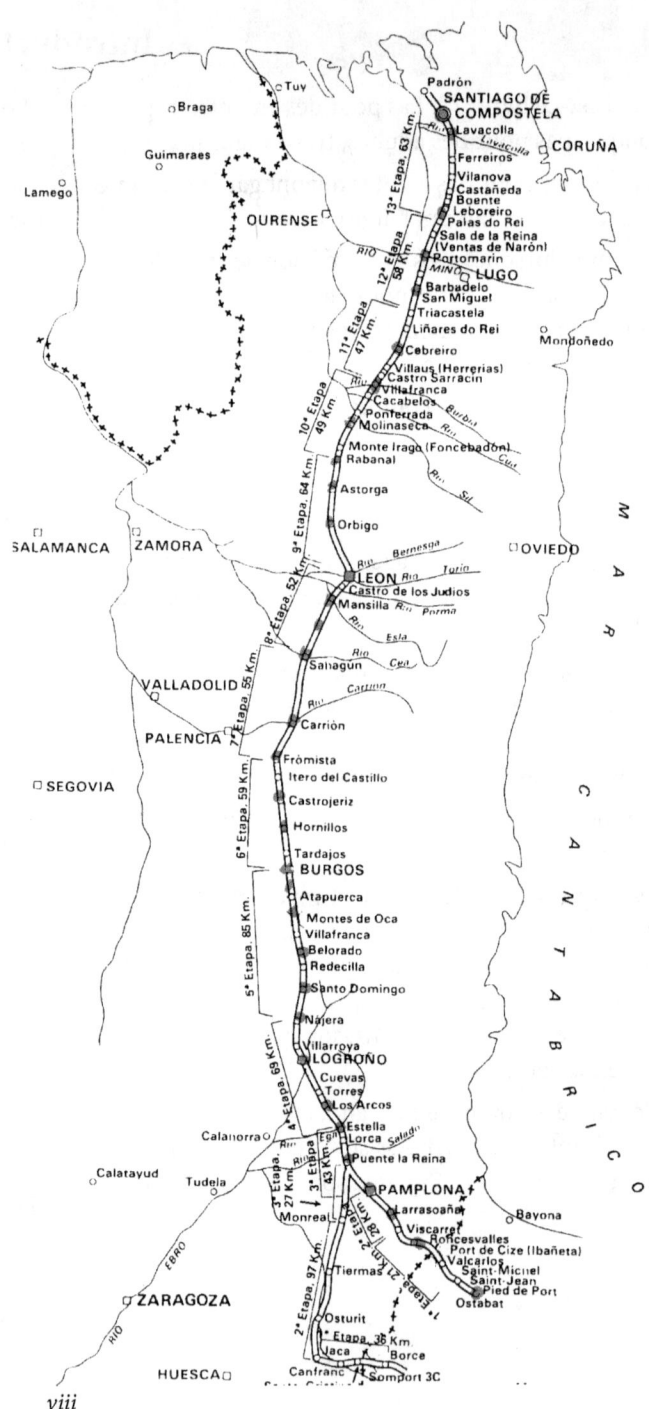

Contents

Introduction		vii
La Rencontre		1
Étape 1 :	de SAINT-JEAN-PIED-DE-PORT à RONCEVAUX	23
Étape 2 :	de RONCEVAUX à LARRASOANA	27
Étape 3 :	de LARRASOANA à PAMPLONA	29
Étape 4 :	de PAMPLONA à PUENTE-LA-REINA	34
Étape 5 :	de PUENTE-LA-REINA à ESTELLA et à IRACHE	37
Étape 6 :	de IRACHE à LOS ARCOS	45
Étape 7 :	de LOS ARCOS à LOGRONO - VIANA	47
Étape 8 :	de VIANA à NAJERA	52
Étape 9 :	de NAJERA à SANTO DOMINGO DE LA CALZADA	55
Étape 10 :	de SANTO DOMINGO DE LA CALZADA à BELORADO	58
Étape 11 :	de BELORADO à SAN JUAN DE ORTEGA	61
Étape 12 :	de SAN JUAN DE ORTEGA aux FAUBOURGS DE BURGOS	64
Étape 13 :	des FAUBOURGS DE BURGOS à BURGOS	65
Étape 14 :	de BURGOS à HORNILLO DEL CAMINO	71
Étape 15 :	de HORNILLO DEL CAMINO à CASTROJERIZ	73
Étape 16 :	de CASTROJERIZ à FROMISTA	76
Étape 17 :	de FROMISTA à CARRION DE LOS CONDES	79
Étape 18 :	de CARRION DE LOS CONDES à SAHAGUN	82
Étape 19 :	de SAHAGUN à EL BURGO RANERO	85
Étape 20 :	d' EL BURGO RANERO à SAN MIGUEL DE ESCALADA	86
Étape 21 :	de SAN MIGUEL DE ESCALADA à LEON	90
Étape 22 :	de LEON à HOSPITAL DE ORBIGO	93
Étape 23 :	de HOSPITAL DE ORBIGO à ASTORGA	97
Étape 24 :	de ASTORGA à RABANAL DEL CAMINO	101
Étape 25 :	de RABANAL DEL CAMINO à MOLINASECA	104
Étape 26 :	de MOLINASECA à VILLA FRANCA DEL BIERZO	109
Étape 27 :	de VILLAFRANCA DEL BIERZO à O CEBREIRO	114
Étape 28 :	de O CEBREIRO à SAMOS	119
Étape 29 :	de SAMOS à PORTO MARIN	121
Étape 30 :	de PORTO MARIN à VILAR DEDONAS	123
Étape 31 :	de VILAR DE DONAS à ARZUA	128
Étape 32 :	de LAVACOLLA à SAINT-JACQUES DE COMPOSTELLE	132
L' Arrivée à Saint-Jacques de Compostelle		136
Credencial del Peregrino		153
Quelques compagnons de route		159

La Rencontre

Ulké, la grande oie sauvage, s'éloigne d'un brusque battement d'ailes.

Elle ne peut plus supporter les cancans abrutissants de ces stupides oies blanches, ni leurs méchantes remarques sur la couleur de ses plumes.

— *Tu es laide ! Tes plumes sont de la couleur de la poussière !*

— *Ce n'est pas possible : tu t'es roulée dans la boue !*

— *Mes plumes sont peut-être grises,* pense Ulké, *mais moi, au moins, je fais de grands voyages ! Je ne tourne pas en rond dans une mare comme ces sottes ! Heureusement, mon aile est guérie ! Dès demain, je m'envole à nouveau !*

À ce moment-là, elle entend un sanglot. Étonnée, elle s'approche, et découvre, cachée sous une grosse feuille morte, une petite boule blanche qui sanglote.

— *Qui es-tu ?*

Un petit souriceau, effrayé, regarde la grande oie et lui dit :

— *Je suis perdu !*

— *Perdu, Raconte : je peux peut-être t'aider ?*

— *Je viens de Paris. Je vivais heureux, avec ma famille, à l'ombre d'un grand marronnier, sur les quais de la Seine. On nous surnommait "la Famille Souris-re" Les jours se suivaient, paisibles, la Seine coulait doucement. C'était le BONHEUR ! Jusqu'au jour maudit où, brusquement, tout changea. Un homme, qui m'observait dans ma cage depuis un moment, se saisit de moi et me précipita dans une boîte en carton ! Ce fut affreux ! La tête en bas, ballotté, bousculé, sens dessus-dessous, dans le noir, sans boire ni manger. Nous sommes arrivés dans une ferme, et j'ai vite compris que mes épreuves n'étaient pas terminées, car lorsque l'homme ouvrit la boîte, ce fut un concert de hurlements :*

— *Ah ! Quelle horreur !*

— *C'est dégoûtant !*
— *Tu es fou ! Il y en a déjà beaucoup trop à la ferme ! "Pas question de donner cette vermine à ton fils ! Dès demain, tu nous en débarrasses !*
— *Et on referma le couvercle de ma boîte. J'étais tout tremblant. La nuit venue, je fis un trou dans le couvercle et m'enfuis dans la grange où j'espérais trouver des amis. Hélas ! Ce fut encore pis ! Des milliers de souris grises et des gros rats s'attroupèrent autour de moi.*
— *Oh ! Il est tout blanc !*
— *Oh l Qu'il est laid !*
— *On dirait qu'il est tombé dans du lait !*
— *Hurlaient-ils en me poussant, me griffant, me mordant. J'ai eu de la chance de pouvoir enfuir à nouveau. Mais maintenant, je suis tout seul... et... perdu !*

Ulké, la grande oie grise, indignée, le prend sous son aile et lui dit :
— *Si tu veux, je t'emmène avec moi en voyage.*
— *Hum ! Hum ! S'il vous plaît*, dit un petit chat noir, *il se trouve que j'ai entendu votre conversation : moi aussi j'ai un problème à cause de ma couleur ! Chaque fois que j'entre à la ferme pour boire du lait avec mes frères, la fermière, dès qu'elle me voit, prend son balai et me jette dehors en disant :*
— *"Sors d'ici, sale bête ! Sors d'ici, fils de sorcière !" Je ne comprends pas : je ne suis ni sale, ni bête, et mes frères qui sont roux, ont la même mère que moi. Ma mère m'a nommé Amadéo, car je lui rappelle un peintre italien, et aussi, disait-elle, un beau gitan de ses amis ! Mais la fermière, elle, c'est clair, ne peut pas me voir en peinture ! De toute manière, c'est bien connu : la nuit, tous les chats sont gris ! Alors pourquoi faire tant d'histoires pour ma couleur noire ?*

— *Soyez prêts demain matin, à l'heure où les étoiles s'éteignent, dit Ulké. Nous partirons tous les trois voir le bon Saint-Jacques à Compostelle. mon arrière-arrière-grand-mère m'a dit que son arrière-arrière-grand-mère lui racontait qu'il faisait des miracles et consolait les gens malheureux !*

Et le lendemain, à l'heure où les étoiles pâlissent, que la lune paresseuse tarde à se retirer et où la rosée luit comme des perles de diamant à la tige de chaque brindille, nos trois amis partent gaiement.

Ils avancent, le long du CHEMIN, vers la forêt profonde où Ulké connaît un bon refuge. Jules César, le souriceau, fou de joie d'avoir échappé à toutes ces méchantes souris grises, court de droite à gauche, saute d'un caillou à l'autre, malgré les conseils d'Ulké.

— *Calme-toi, le chemin est long : il faut ménager tes forces !*

Mais les conseils de la bonne Ulké tombent dans l'oreille d'un sourd !
Le souriceau qui n'a connu que sa cage et la boîte en carton, explose de bonheur et fait l'apprentissage de sa toute nouvelle liberté avec enthousiasme !

Amadéo, lui, est passionné par les récits d'Ulké. Il veut savoir d'où vient cette grande voyageuse.

— *Tu ne pourras pas comprendre, lui explique l'oie grise. C'est un endroit en ce moment couvert de neige.*
— *De neige ?*
— *Oui, c'est beau, c'est tout blanc, mais c'est très froid et cela recouvre tout : les arbres, les fleurs, les rivières... tout disparaît sous la neige ! C'est pourquoi nous partons tous les ans à l'automne.*
— Amadéo n'en revient pas.
— *Comme tu as de la chance d'avoir tant voyagé ! Moi je ne suis qu'un pauvre ignorant : je n'ai jamais quitté le village.*

— Eh bien ! Tu vas en voir des villages, et très différents, le long du CHEMIN DE COMPOSTELLE !

Ils arrivent en haut d'une colline lorsqu'ils voient Jules César, profondément endormi dans un champ de marguerites, un papillon bleu sur le bout du nez.

-— *Je savais bien, dit Ulké, qu'il ne pourrait courir ainsi toute la journée.*

— *Arrêtons-nous et faisons comme lui, mais pas trop longtemps, car vois-tu là-bas cette forêt, c'est là que se trouve notre refuge : chez mon ami le Renard.*
— *Un renard ? Tu as bien dit Renard ?*
— *Aurais-tu peur ?*
— *C'est que...*
— *Jules César est pourtant ton ami, et tu es un chat ! méfies-toi des racontars et vérifies par toi-même, avant de juger.*

Le petit chat honteux lui dit alors :

— *Tu as raison, je t'accompagne.*
— *Lorsqu'ils sont tous les deux bien reposés, ils vont réveiller Jules César.*

— *Quoi ? Comment ? Déjà ? Mais je suis encore bien fatigué ! Mes petites pattes n'en peuvent plus ! Ne peut-on rester encore un peu ? Demande-t-il, suppliant.*
— *Mais non voyons, paresseux ! Notre refuge est encore loin !*

Avec un soupir résigné, notre Jules César se lève. Il ne saute plus d'un caillou à un autre. Il va tout droit devant lui, c'est à peine s'il remarque les fleurs et les papillons sur son passage. Paris lui semble bien loin et le confort de la cage familiale lui manque beaucoup : il ne sait plus très bien s'il a envie de voyager. SAINT-JACQUES DE COMPOSTELLE, c'est peut-être trop loin pour une petite souris ?

Amadéo qui l'observe, a bien vite deviné ce qui se passe dans la tête de son ami.

— *Si tu veux, grimpe sur mon dos, mes pattes sont beaucoup plus grandes que les tiennes. Nous arriverons plus vite chez le Renard.*
— *Un renard ?*
— *C'est un ami d'Ulké, ne t'en fais pas.*
— *Je suis contente que vous me fassiez confiance. Vous allez voir ! Mon ami Théodore vous étonnera !*
— *Oh ! Dis-nous pourquoi !*
— *Non, non, je ne vous en dis pas plus long.*

Jules César et Amadéo sentent leur fatigue s'envoler, car ils sont aussi curieux l'un que l'autre.

Le soleil qui descend va bientôt toucher le haut des arbres. Ils entrent enfin sous le splendide dôme feuillu d'une forêt de chênes et de châtaigniers. Des fleurs sauvages s'épanouissent dans les clairières. Partout des lapins bondissent, des écureuils se pourchassent pour rire, à la cime des arbres. Une maman hérisson entraîne sa petite famille à la marche. Le calme et la sérénité règnent en ces lieux.

— *On se croirait dans une église, dit Jules César soudain presque intimidé.*

— *Suivez-moi !* Dit Ulké qui connaît bien la forêt.

Ils arrivent à une ravine surplombant une grande rivière.

Théodore, le renard est là. À ses côtés se tiennent une poule, un coq faisan, une mère sanglier, un grand lièvre, un geai, une tourterelle, une pie et une multitude d'autres habitants de la forêt tels que des limaçons, des bêtes-à-bon-dieu, des libellules dorées...

Un lapin attire l'attention de Théodore sur les voyageurs.

— *Mon dieu ! Mon dieu ! Mais c'est Ulké, ma grande amie ! Que je suis content de te voir ! Mais comment se fait-il que tu arrives si tard ? Toute ta famille est déjà passée par ici depuis longtemps ! J'étais inquiet pour toi !*

— *Je m'en doute, mais j'ai eu un accident : la balle d'un chasseur, qui m'a beaucoup retardée. Vois-tu, je ne le regrette pas. Cela m'a permis de me faire de bons amis que je t'amène.*

— *Venez ! Venez ! Les amis d'Ulké sont toujours mes amis. Nous étions en train de tenir un "conseil de la forêt" avec tous les représentants de la faune, pour voir les améliorations que nous pourrions apporter. Entrez dans la grotte, vous devez être fatigués. Reposez-vous. Ce soir nous allons tous dîner ensemble et faire la fête !*

Jules César sourit de bonheur et murmure à l'oreille d'Amadéo :

— *Nous avions bien raison de faire confiance à Ulké !*

Le petit chat, pensif, lui répond :

— *Nous devrions remercier la méchante fermière, car notre situation semblait désespérée, et grâce à elle, nous vivons une aventure extraordinaire !*

— *Tu as raison, dit Ulké, cela prouve qu'il ne faut jamais perdre espoir !*

Et les voilà tous confortablement assis sur des sièges de douces mousses, autour d'un feu de châtaigniers aux bûches craquantes.

Après la délicieuse soupe aux orties, les pâtes de céréales, les desserts arrivent à profusion. Chacun a confectionné, qui une tarte aux myrtilles, une galette de noisettes, qui une glace aux framboises, un délicieux vin de mûres, des tisanes de tilleul, de serpolet et de marjolaine. Bref, un vrai festin !

À la demande générale, Théodore se voit obligé de raconter son histoire. Cela ne le dérange pas, car maintenant, il aime parler, et toujours il espère convaincre ceux qui douteraient encore.

— *Voilà ! Il y a bien longtemps maintenant, ce coin de forêt était triste et sale. Déserté par tous. Nul chant d'oiseau, pas de bruissements d'insectes, les lapins se terraient, c'était la désolation ! Je vivais là tout seul ! Je passais ma vie à tuer, étrangler. Je n'avais de pitié pour personne. Femmes, enfants, tout le monde y passait ! La folie de tuer, plus, et plus encore, m'avait envahi. Ma tanière était tout encombrée de cadavres, les plumes pourrissaient, partout cela sentait la mort et la misère ! J'étais méchant et toujours en colère ! Et très très malheureux. Jamais personne ne voulait me parler, m'approcher ! Et cette solitude me rendait fou ! Et plus j'étais malheureux, plus je devenais méchant. Un jour, un vieil ermite qui habitait de l'autre côté de la rivière vint me voir.*

— *Bonjour, Renard.*

— *Je grognais quelque chose comme :*

— *Comment osez-vous me déranger ?*

— *C'est parce que je t'observe depuis longtemps ! Écoute, Renard ! Tu tues plus que nécessaire et tu n'es pas heureux. Tout le monde te fuit. Tu ne fais que prendre. Tu ne sais pas donner. Tu es toujours seul et regarde comme c'est laid autour de toi ! Si tu m'écoutes, et si tu le veux, tu peux changer tout cela !*

— *Dans un grognement, je lui répondis :*

— *Ça te regarde, Ermite ? Ce n'est pas ton affaire, mon bonheur ou mon malheur !*

— *Détrompes-toi Renard, le bonheur doit être affaire de tous, nous dépendons les uns des autres. Regarde la forêt autour de toi comme elle est triste. Si tu me fais la promesse de ne pas toucher à mes amis, je t'invite de l'autre côté et tu verras comme tout est différent. Réfléchis : Si tu te décides, viens avec la tourterelle que je t'enverrai tous les jours à la même heure. Mais n'oublies pas ta promesse.*

— *Je restais là, à tourner en rond dans ma tanière comme un fauve en cage, me cognant aux os, aux vieilles carcasses pourries. Ce n'était guère agréable ! Et même moi, je trouvais que cela sentait mauvais ! Tout à coup, je n'avais plus envie de dévaster les poulaillers. J'étais écoeuré par tout le sang que j'avais répandu ! Je n'en pouvais plus d'être tout seul et si méchant !*

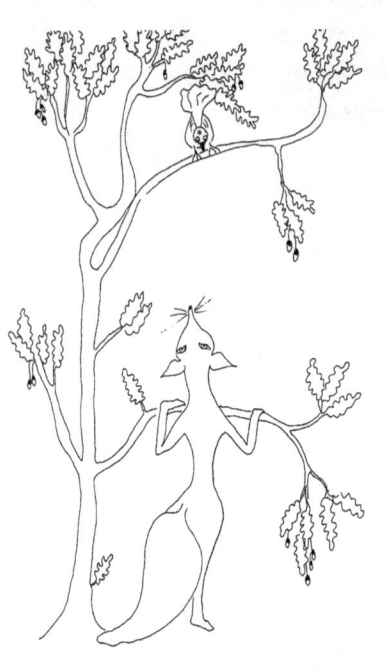

— *Et si j'allais voir l'ermite ? Cela n'engage à rien, pensais-je. Et lorsque la tourterelle vînt, je la suivis. Le vieil ermite était là, entouré de vous tous, mes amis*, poursuit Théodore, soudain très ému, en regardant autour de lui. *Vous, les amis de l'ermite qui êtes devenus "mes" amis !*

Les animaux hochaient la tête, souriaient gravement en disant : Oui nous étions là. Nous avions peur de toi, car ta réputation de cruauté avait traversé la rivière. Mais l'ermite nous avait demandé de te faire confiance, et comme nous ne pouvions rien refuser à ce brave homme, nous sommes tous venus.

— *Et ma vie a été transformée. J'ai été tellement bouleversé de pouvoir vous parler sans que vous vous enfuyiez ! Et lorsqu'un écureuil est venu m'apporter une galette de noisettes en signe de bienvenue, et une maman lapine un gâteau de carottes !... C'était trop, j'ai fondu en larmes !*

— *Alors le vieil ermite m'a dit : "Tu vois comme il est plus agréable de recevoir que de voler ! Et crois moi, c'est encore mieux de donner !"*

— *Ermite ! Dis-moi ce que je dois faire pour vivre parmi vous ! Je ne veux plus jamais retourner dans ma sombre tanière !*

— *Il faut te repentir, Renard, mon ami, tu as fait trop de mal autour de toi. Va sur le chemin DE COMPOSTELLE, pour réfléchir et demander au BON SAINT JACQUES de t'aider. Nous t'attendrons à ton retour, et tu auras ta place parmi nous.*

— *À mon retour, j'ai été triste de ne pas retrouver le vieil ermite. Il était mort. Mais il avait dit que je devais le remplacer. C'est ce que j'essaie de faire de mon mieux.*

— *Théodore ! Nous aussi nous allons à COMPOSTELLE. Peux-tu nous donner des conseils et de bonnes adresses ?*

— *Bien sûr ! Je me suis fait des tas d'amis. J'ai surtout tout l'équipement dont vous aurez besoin, et les coquilles Saint-Jacques que j'ai rapportées du cap FINISTÈRE. Allons dormir. Demain, nous avons des tas de choses à organiser.*

C'est la petite souris qui est bien contente d'aller se coucher ! Toutes ces aventures l'ont bien fatiguée. Après un bon petit déjeuner, ils découvrent les trésors de Théodore. Il y a vraiment tout ce qu'il faut pour partir en voyage !

Ulké hésite beaucoup entre deux chapeaux ! Pour se résigner à n'en prendre aucun : ils sont juste un peu trop grands ! Amadéo, lui, essaie toutes les bottes de marche. Avec un soupir, il décide qu'il a déjà beaucoup trop de pattes pour s'encombrer encore de celles-ci... Il les trouvait pourtant bien jolies !

Théodore, aidé de Jules César, range la boîte à pharmacie.

— *Très important ! Dit-il. Il faut : des petites compresses de tilleul pour les yeux, des tisanes de serpolet et de thym pour la gorge, un élixir de perlimpinpin pour les pieds, de la poudre d'os pour les fractures (hélas, j'en ai un terriblement gros stock !), des bonbons au miel et des pâtes de fruits, très bonnes pour remonter le moral au bas d'une côte, assure-t-il. Ce brave Théodore ! Il a bien envie de repartir, lui aussi !*

Mais il a trop de responsabilités envers ses compagnons de la forêt. Après avoir bien étudié les cartes pour éviter les plus grands dangers, le renard dit, soucieux :

— *Mes amis, il faut que je vous prévienne que vous allez rencontrer plusieurs fois pendant le voyage, des contrées très dangereuses, habitées par des meutes de loups qui, hélas, sont aussi féroces que je l'étais moi-même autrefois. Heureusement, je suis très ami avec les sangliers de cette région et je vais envoyer un messager pour qu'ils vous protègent pendant la nuit.*

— *Grand merci*, lui dit Ulké. *Il est temps maintenant de prendre la route.*

— *Venez dans mes bras que je vous embrasse ! Dit Théodore pour cacher ses larmes d'émotion.*

— *Merci ! Merci ! Et encore merci !* Crient Amadéo et Jules César en se retournant tous les trois pas. *Nous vous enverrons de nos nouvelles !*

— *Adieu ! Dit Théodore. Et... buen camino !*

Ils marchent depuis plusieurs jours sans histoire, en bavardant. Amadéo se moque de Jules César qui s'est encombré d'un sac presque aussi gros que lui.
- *Tu n'iras pas bien loin avec ce chargement !*
- *Tu seras bien content de partager son contenu. J'ai des millions de bonnes choses là-dedans, pour effacer la fatigue.*
- *Oui, mais si tu te fatigues à porter un sac qui doit t'enlever la fatigue, autant marcher sans le sac et sans te fatiguer*, dit-il, moqueur.

Ulké rit. Tout à coup Amadéo dresse l'oreille.

— *Avez-vous entendu ? N'entendez-vous pas des appels au secours ? Des gémissements ? C'est de ce côté, vers la gauche ! Vite ! Allons-y !*

Ils arrivent près d'un gros chêne et trouvent un chien, à moitié mort, affreusement maigre, solidement attaché au tronc de l'arbre.

— *À boire ! À boire, par pitié ! Gémit-il.*

Ulké, Amadéo et Jules César restent pétrifiés d'horreur. Enfin Ulké, retrouvant ses esprits, dit :

— *La première chose à faire, c'est de le détacher !*
— *Mais comment y arriver ?*
— *Jules César, peux-tu ronger cette corde ?*
— *Je suis beaucoup trop petit !*
— *J'ai une idée*, dit Amadéo : *monte sur mon dos !*
— *Je n'y arrive toujours pas !*
— *Attends, je vais faire le gros dos. Ça va ? Tu y arrives ?*
— *Mets-toi sur la pointe des pieds.*

Enfin, Jules César attrape la corde et se met à la ronger furieusement ! La corde cède et le pauvre chien tombe de faibless à leurs pieds. Vite, Ulké se sert de la gourde pour le faire boire.

— *Jules César, c'est le moment d'ouvrir ton sac et d'offrir à ce pauvre chien tes trésors de nourriture.*

Jules César jette un regard triomphant à Amadéo, puis il cherche tout ce qu'il a de meilleur au fond de son sac.

— *Non ! Non ! Juste un petit peu, il est trop faible ! Nous devons faire attention à ne lui donner qu'un peu à la fois.*
— *Allez tous les deux faire une civière avec cette corde qui l'attachait et ces branchages. Nous allons le porter jusqu'à ce qu'il puisse marcher.*

Aussitôt dit, aussitôt fait ! Ils entassent leurs sacs sur la civière et y déposent très délicatement le chien. Amadéo se met devant, Ulké derrière, Jules César ouvre la marche pour signaler les grosses pierres et les racines qui pourraient les faire trébucher. Ulké dit, soucieuse :

— *C'est ce soir que nous devions arriver dans la contrée des loups. Pourvu que Théodore n'ait pas oublié de prévenir les sangliers, car avec notre blessé, nous serions vraiment en danger !"*

À peine a-t-elle fini de parler que Jules César se trouve nez à nez avec un corbeau qui lui dit :

— *Par ici ! Les sangliers m'ont demandé de vous indiquer le chemin ; C'est par ici, vous prenez la première à droite, au chêne vous tournez à gauche, au peuplier vous continuez tout droit jusqu'au châtaignier, puis vous tournez à gauche... non ! Non, je me trompe : là, vous tournez à droite !*

Ulké, l'interrompt :

— *Ne pourriez-vous pas nous conduire vous-même ? Cela m'a l'air bien compliqué. Nous avons un blessé et nous sommes fatigués.*

— *Pas de problème ! Suivez Arthur.*

Arthur, le corbeau, très content de se rendre utile, les conduit tout droit à la clairière des sangliers.

— *Mais, s'étonne Amadéo, je ne comprends pas, nous n'avons tourné ni à droite, ni à gauche !*

— *Oh ! Je vous avais indiqué le chemin des touristes. Pour nous, les gens du pays, nous allons tout droit, dit le corbeau. Et comme vous m'avez dit que vous étiez pressés, j'ai pensé que cela serait mieux !*

— *Grand merci ! Dit Ulké qui n'en peut plus. Voyez-vous, je n'ai pas l'habitude de voyager à pied. C'est tellement moins fatigant pour moi de voler qu'il me tarde d'arriver.*

— *Nous y sommes. Voici le Chef. Je dois vous prévenir qu'il est un peu dur d'oreille. Cela le rend ronchon. Mais il n'y a pas meilleur chef ! Les loups ont terriblement peur de ses colères. Avec lui, vous ne craignez rien cette nuit.*

— *Léon, le vieux chef, les accueille, bourru :*

— *Vous êtes en retard. Je vous attends depuis deux heures, et que vois-je ? Vous êtes quatre ? Ah ! J'ai encore dû mal entendre : je deviens sourd comme un pot ! Bougonne-t-il. C'est agaçant de devenir vieux !*

Heureusement Léontine, la mère sanglier, a préparé assez de purée de marrons pour tout un régiment.

— *Allez-vous laver au ruisseau, reposez-vous, nous vous appellerons pour le dîner.*

Après avoir confié le blessé à Léontine, nos trois amis prennent un bain de pieds bien mérité. Ulké se trémousse de plaisir. Que l'eau est bonne ! Quel dommage que le ruisseau ne soit pas assez profond pour nager !

Amadéo, lui, plonge prudemment une patte dans l'eau et la retire aussitôt. Quant à Jules César, il dit à Ulké :

— *J'aimerais tellement savoir nager comme toi !*

— *Je vous apprendrai, c'est utile dans la vie ! Et maintenant, allons voir comment va le chien !*

Ils vont tout droit à l'infirmerie que Léontine, la mère sanglier, a tout de suite fait installer.
— *Comment va le blessé ?*
— *Il a une fracture à une patte et la peau du cou est tout abîmée. Il ne parle toujours pas. Il est trop faible !*
— *Il me faudrait beaucoup de poudre d'os pour sa fracture.*
— *Théodore en a un terriblement gros stock, dit Jules César, nous pourrions lui en demander, je crois même qu'il serait heureux de s'en débarrasser.*
— *Je crois bien, dit Léontine, cela lui rappelle trop ses anciennes victimes !*
— Arthur, le corbeau qui a aidé Léontine tout l'après-midi, se propose pour aller chercher la poudre.
— *Si je pars maintenant, j'y suis en quatre coups d'ailes et je vous rapporte la poudre d'os avant minuit.*
— *Mais comment vas-tu faire pendant la nuit ?*
— *Oh ! J'ai beaucoup de copains hiboux qui me guideront si je me perds.*
— *Merci beaucoup pour le chien, dit Ulké. Nous ne connaissons pas encore son nom, mais il a l'air si gentil que nous l'aimons déjà beaucoup.*
— *N'oublie pas ! Tout droit ! Hurle Jules César à Arthur qui prend son envol.*
— *À ce soir ! À ce soir ! Croasse-t-il.*

Ils font un grand feu. La soirée est merveilleuse. Après la délicieuse purée de marrons accompagnée d'une fricassée de champignons saupoudrés de menthe sauvage et le dessert de petites noisettes enrobées de miel, ils décident d'attendre le retour d'Arthur. Ils jouent au jeu de l'oie. Devinez qui gagne ?

— *Ce n'est pas juste ! Ce n'est pas juste ! Ulké, c'est trop facile pour toi ! Dit, pour une fois hurlant de rire, le gros Léon. Je te propose une revanche, mais au jeu de dames ! C'est toi qui feras le loup et moi les moutons ! Je te préviens : je suis imbattable ! Venez les enfants, prendre une leçon. Si vous voulez devenir un vieux sanglier comme moi, il faut savoir tenir le loup en respect.*

Léon est en train de gagner, quand soudain, on entend :
— *Le voilà ! Le voilà !* Et le corbeau, haletant, dans un grand bruissement d'ailes, atterrit tout près du feu.
— *Ouf ! J'ai bien cru ne pas pouvoir y arriver. C'est terriblement difficile de voler avec un sac autour du cou. J'ai failli renoncer. Mais quand je pensais à ce pauvre chien, je me disais : ils comptent tous sur toi. Tu dois réussir ! Et me voilà.*

Léontine se saisit du sac, et vite, mélange de la poudre d'os avec du sirop de grenadine. Le chien boit tout le verre.
— *Merci... merci...*, murmure-t-il très bas, et il s'endort aussitôt.

— *Nous allons faire comme lui, dit Léon. Vous, les invités et toi aussi Arthur, si tu le désires, mettez-vous tous autour du feu. Nous, les sangliers, nous allons monter la garde et vous pourrez dormir en paix.*

Il faut bien une semaine pour que le chien se rétablisse. Il leur a dit son nom : Pietre, tout bas, comme s'il avait peur de faire du bruit.

— *Il n' a presque rien raconté de ses malheurs, ni pourquoi on l' a retrouvé à moitié mort, attaché à un arbre. On voit bien qu' il n' a pas envie d' en parler.*

— *C' est trop tôt, dit Léontine. Il ne faut pas l' interroger.*

Alors tout le monde le laisse tranquille. Enfin, il peut marcher avec des béquilles. Ulké, Jules César, Amadéo, accompagnés maintenant de Pietre peuvent reprendre le Chemin de Compostelle pour l' étape la plus importante : Saint-Jean-Pied-de-Port, début officiel en France de ce que l' on appelle en Espagne : le "Camino Francès".

— *Demain nous coucherons à Saint-Jean-Pied-de-Port, explique Ulké. Je l' ai souvent survolé, c' est très joli vu d' en haut. Je suis bien contente de visiter la ville pour de vrai.*

— *Ils vont doucement, à cause du chien. Ils sont très contents, fiers aussi, en pensant aux "passeports" qu' ils vont recevoir à Saint-Jean-Pied-de-Port et qui feront d' eux de vrais pèlerins.*

— *Courage ! Courage ! Avancez ! Leur dit Ulké. C' est en haut de cette rue que Madame Debril va nous donner nos passeports.*

La rue, pavée de grosses pierres irrégulières est très difficile pour Pietre avec ses béquilles. Enfin ils arrivent tous contents. Madame Debril, elle, n' est pas contente du tout et le leur fait savoir.

— *Des pèlerins ? Vous ? Et vous voulez que je vous croie ? Vous êtes sûrement des imposteurs ! Des Brigands ! Des voyous ! Vous ne voulez des passeports que pour passer vos vacances à l' œil ! Ah ! Mais je ne suis pas dupe ! Vous ne me connaissez pas ! Je ne vais pas tomber dans ce piège !*

— *Mais enfin, Madame, dit Ulké, essayant de l' arrêter. Nous voulons aller à Saint-Jacques-de-Compostelle ! Nos sommes de vrais pèlerins.*

— *Jamais de la vie ! Essayez à Ronceveaux, avec les moines si vous voulez, mais je suis bien sûre qu' ils refuseront !* Et d' un ton sec, elle leur dit de repartir et ferme le refuge, qui pourtant est vide, avec une grosse clef.

— *Tu as vu ? Elle n' a même pas remarqué nos coquilles de pèlerins, dit Amadéo, fou de rage.*

— *Jamais de la vie ! Essayez à Ronceveaux, avec les moines si vous voulez, mais je suis bien sûre qu'ils refuseront ! Et d'un ton sec, elle leur dit de repartir et ferme le refuge, qui pourtant est vide, avec une grosse clef.*

— *Tu as vu ? Elle n'a même pas remarqué nos coquilles de pèlerins,* dit Amadéo, fou de rage. Pietre ne dit rien. Il est très déçu. Il a tant besoin de se reposer. Mais il a l'habitude du mauvais sort.

Ulké, qui se sent responsable de la petite troupe, leur dit :

— *Venez, nous allons dormir près des remparts du château et dès demain, nous partirons quand même. N'en déplaise à Madame Debril !*

Une fois bien installés, ils dînent avec les provisions du sac. Amadéo demande :

— *Mais comment allons-nous reconnaître le Chemin ?*

— *Nous allons suivre le tracé de la Voie Lactée, et nous ne serons pas les premiers !*

— *Que veux-tu dire ?*

— *On raconte que Charlemagne fit un songe : Saint-Jacques lui est apparu en rêve et lui a demandé de chasser les Infidèles hors d'Espagne, puis d'aller se recueillir sur sa tombe.*

— *Mais comment la trouverai-je ? Demanda Charlemagne.*

— *Suis le tracé de la Voie Lactée, au bout du chemin, tu y trouveras ma tombe.*

— *Et il l'a fait ?*

— *Il est allé en Espagne avec son neveu Roland pour chasser les Infidèles, et c'est au retour d'une de ces batailles que Roland est mort.*

Ne t'en fais pas, cela fait plus de mille ans que des pèlerins suivent le Camino Francès, et partout tu verras des flèches jaunes ou des coquilles Saint-Jacques sur les murs des maisons, sur les troncs d'arbres, sur de grosses pierres, sur les ponts. Partout : on ne peut pas se tromper. Plus de mille ans ! Ils sont pensifs.

Ulké ajoute :

— *Des rois, des reines, des moines, des guerriers, des mendiants, des saints et parfois même des brigands repentis, beaucoup, beaucoup de monde est passé sur ce chemin. Vous verrez, ce n'est vraiment pas un chemin comme les autres !*

Et voici ce que vont découvrir, le long de "CE CHEMIN VRAIMENT PAS COMME LES AUTRES" nos quatre pèlerins : des chaussées romaines, des ponts anciens, de jolies églises, des paysages de rêve, des Espagnols, des habitants du monde entier, bref : "Le CAMINO".

Étape 1 : de SAINT-JEAN-PIED-DE-PORT à RONCEVAUX

Le lendemain, ils se mettent en route de bon matin, le soleil brille, c'est une journée splendide. La montagne est magnifique, heureusement car la montée est rude.

Le chemin est très abrupt et ils s'arrêtent de plus en plus souvent pour boire à leur gourde. Enfin ils arrivent au col d'Ibaneta tout essoufflés. Une statue de la Sainte Vierge est là, tout auréolée de nuages : elle a l'air de les attendre.

— *Ouf ! Je n'en peux plus, lâche le chien qui s'effondre dans l'herbe, vite ouvre ton sac, Jules César, c'est le moment, nous devons reprendre des forces.*

Amadéo qui grignotait son déjeuner en sautant d'un rocher sur un autre s'arrête soudain.

— *Regardez, sur cette grosse pierre, il y a une épée ! Qu'est-ce que c'est ?*
— *C'est en souvenir de Roland, le neveu de Charlemagne,* répond Ulké.
— *Il est mort ici ?*
— *Oui, en août 778, entouré de 12 preux chevaliers.*
— *Mais pourquoi Charlemagne ne l'a-t-il pas secouru avec sa grande armée ?*
— *Il était tout en bas, dans la vallée, quand il entendit l'olifant de Roland. C'était trop tard.*

Quand Roland a su qu'il allait mourir il a essayé de briser "Durandale" sa chère épée contre un rocher pour que personne ne puisse s'en servir après lui.

— *Oh ! Quand je pense que je me trouve à l'endroit même où Charlemagne a peut être posé ses pieds, je me sens tout bizarre,* dit Jules César, ravi.

Charlemagne était un grand empereur qui régnait sur la majeure partie de l'Europe, il était chrétien et il fit construire des monastères et des églises sur le chemin de Compostelle, ou "Camino Francès" comme on l'appelle en Espagne. Il serait très content de savoir que le Camino de Santiago qui est son troisième nom, a été élu en 1987 le premier itinéraire culturel européen.

— *Il doit bien rire dans sa barbe,* dit Pietre.
— *Ah ! C'est passionnant, l'histoire !* Dit le petit Jules César.

Ulké remarque les gros nuages qui s'amoncellent sur les sommets. Il n'y a plus de vue et un vilain brouillard s'étend brusquement. Le chemin est presque plus difficile à la descente. Voilà que la pluie tombe et que des gouttes froides dégoulinent le long de leurs nez, de leurs cous, les aveuglent, ils ne voient plus dans la superbe forêt de hêtres, où mettre les pieds. Les troncs se succèdent indéfiniment.

— *Nous allons nous perdre dans ce brouillard,* gémit Jules César.
— *Je suis crevé,* dit Amadéo, *je n'en peux plus.*
— *Et moi je suis gelé,* rouspète encore Jules César.

Pietre ne dit rien. Il serre les dents courageusement.

— *J'ai survolé cette forêt bien souvent, nous n'avons qu'à suivre ce ruisseau, il mène tout droit à Ronceveaux. Regardez, on aperçoit les toits.*

Et ainsi, ils arrivent, tout crottés, épuisés par cette longue marche, grelottant de froid et de fatigue. Pourtant Ulké ne leur permet pas de se reposer.

— *Allons tout de suite voir le moine pour les "crédenciales" !*
— *J'ai peur, dit Amadéo, et s'il ne voulait pas nous les donner ?*
— *Justement, ne perdons pas de temps.*

Le moine les reçoit très gentiment :

— *Je n'ai pas l'habitude de pèlerins comme vous, dit-il en hochant la tête, perplexe, mais vous m'avez l'air braves et honnêtes tous les quatre. Tenez, je vais vous donner les crédenciales pour que vous puissiez poursuivre votre chemin. J'espère que vous arriverez tous en bonne santé. N'oubliez pas de prier pour moi le bon Saint-Jacques à Compostelle. Ce soir, mettez-vous dans un coin de l'église pour la bénédiction des pèlerins. En attendant, allez-vous installer dans les dortoirs et prenez une bonne douche chaude, vous avez l'air d'en avoir besoin !*

Tout propres et réchauffés, ils vont à l'église. Les superbes vitraux scintillent doucement, transpercés par les dernières lueurs du jour. Ils sont tout de suite attirés par la Vierge d'argent qui tient son enfant Jésus dans le bras gauche, un bouquet de fleurs de pierres précieuses dans l'autre main; de grands archanges aux ailes déployées ont l'air de veiller sur la mère et l'enfant...

— *Comme elle est belle ! Chuchote Jules César. Mais comme elle a l'air triste !*

À ce moment, la procession des moines arrive, la bénédiction commence, en plusieurs langues. Ulké se trémousse d'une patte sur l'autre. Elle a tellement envie de rire qu'elle se cache la tête sous l'aile pour étouffer ses gloussements. Elle réussit à dire à son voisin Pietre :

— *"Ils ne sont pas très doués pour les langues, les bons moines !".*

Elle se calme enfin au moment où le moine leur dit :

— *"Pèlerins, priez pour nous à Compostela".*

Le lendemain matin, visite au musée du monastère. Pietre veut absolument voir le célèbre jeu d'échecs, sculpté dans le cristal qui contient des morceaux de la vraie croix et qui a appartenu à Charlemagne.

— *Vous rendez-vous compte que ce jeu a plus de mille ans ?*

Puis ils visitent le tombeau de Sancho II, EL FUERTE.

— *C'est incroyable comme il est grand !*

— *Il mesure deux mètres vingt-cinq !*

— *Pffffuit : je me sens tout petit, dit Jules César. Et ces grosses chaînes ? Qu'est-ce que c'est ?*

— *Ce sont des chaînes qu'il a rapportées de sa victoire sur un roi musulman, en 1212, à Las Naves de Tolosa. Cette victoire fut tellement importante que, depuis ce temps-là, les chaînes figurent dans le blason de la Navarre... Allez, terminons la visite ! Avez-vous oublié le Camino ?*

Pendant qu'Amadéo, Jules César et Ulké réunissent leurs affaires, Pietre s'est éclipsé discrètement.

— *Mais où est donc Pietre ?*

Tout le monde le cherche. Il revient sans ses béquilles.

— *Je les ai laissées à l'église, devant le petit enfant, dit-il simplement.*

Étape 2 : de RONCEVAUX à LARRASOANA

En prenant la route, Ulké dit :

— *Depuis hier soir, nous sommes en Espagne. À partir de maintenant, nous allons donner leur nom espagnol aux villes et villages que nous traverserons. Nous sommes en Pays Basque, dans la fière province de NAVARRA.*

Le soleil brille et la campagne verdoyante est belle, les fermes sont soignées et tout est vert. Les ruisseaux sont pleins de truites qui sautent hors de l'eau pour souhaiter bon voyage à nos pèlerins.

— *Pfffuit, j'ai déjà bu toute ma gourde d'eau et j'ai encore très soif, le soleil tape dur,* grogne Amadéo.

— *Nous allons nous arrêter dans le village de BURGETE, nous demanderons de l'eau,* dit Ulké.

Le village est superbe ; c'est une grande rue bordée de maisons aux portes de bois sombre, des clous de cuivre en ornent le devant, des dalles de pierres taillées en arcs de cercle les entourent. Souvent des blasons sculptés dans la pierre racontent les lettres de noblesse de leurs anciens propriétaires. Il n'est pas rare qu'une ou plusieurs coquilles Saint-Jacques témoignent que les habitants de la maison ont fait, eux aussi, le pèlerinage de SANTIAGO DE COMPOSTELA.

— *Arrêtons-nous ici,* propose Ulké.

Pietre voit que la porte de l'une de ces belles maisons est entrouverte. Il en profite pour demander de l'eau à la dame qui arrose ses fleurs.

— *Avec plaisir, répond-elle, et voici aussi des figues sèches de l'année dernière, je vois bien que vous n'êtes pas encore habitués à marcher sous ce soleil, cela vous donnera des forces.*

— *Avançons, nous sommes bientôt arrivés. Regardez cette belle maison à côté de ce vieux pont romain, et cette très ancienne église de l'autre côté ! Il y a un nid de cigogne : une de mes amies a l'habitude de s'y arrêter, je vais voir si elle est là,* dit Ulké.

Mais le nid est vide. Ce n'est pas grave, les rassure Ulké, puisque nous avons nos crédenciales, nous allons voir le "refugio" comme on dit en espagnol.

Le maire de LARRASOANA, au nom prédestiné de "SANTIAGO" ZUBIRI ELIZADE, les accueille avec enthousiasme :

— *Fantastique ! Fantastique ! Dit-il en les voyant. Mes amis, entrez dans mon bureau, je veux vous prendre en photo.*

Il est tout content, cette photo va rejoindre toutes les coupures de journaux, les cartes postales, les dessins, les souvenirs multiples et les signatures des personnages célèbres qui sont passés dans son village.

— *Moi aussi j'ai fait le pèlerinage de SANTIAGO ; avec mon nom, dit-il dans un éclat de rire, je ne pouvais quand même pas faire autrement. Nous, les amis du CAMINO, nous avons fait un beau livre sur le CAMINO. Nous en sommes très fiers ! Donnez-moi vos crédenciales, que je les tamponne du "sello" de LARRASOANA. Maintenant vous pouvez aller vous installer dans le refugio.*

Malgré la bonne douche chaude, ils ont froid. C'est la fatigue de la marche qui fait cela. Le sac de Jules César est presque vide. "J'ai drôlement faim pourtant", dit Jules César. Dans le refugio se pressent des pèlerins venus de tous les horizons. Ils partent pour le restaurant-bar voisin. "Venez avec nous, proposent deux espagnols, nous vous aiderons à choisir le menu". Ils sont un peu intimidés de se retrouver à table avec tous ces pèlerins ; mais c'est la magie du voyage : ils sont accueillis sans différences. La soupe arrive, fumante ; les haricots blancs, mœlleux ; les petits bouts de "jamon", croustillants ; c'est délicieux. Nos quatre compagnons soupirent d'aise. Ils n'ont pas osé goûter au "vino tinto", mais les autres pèlerins en ont bu de nombreuses carafes et l'ambiance est à la joie et à la gaieté. Comme ils n'ont pas d'argent, les autres pèlerins paient pour eux. "Vive le Camino !" Dit Pietre en allant se coucher.

— *Demain, PAMPLONA, leur dit Ulké en baillant. Dormez bien, on se lèvera tôt.*

Étape 3 : de LARRASOANA à PAMPLONA

Le soleil brille déjà lorsque Ulké réveille ses compagnons
Ils retraversent le pont sur la rivière ARGA.

— *Cette rivière va nous mener jusqu'à PAMPLONA*, les prévient Ulké.

— *Cela ne me dérange pas du tout, dit Jules César, j'adore écouter le bruit de l'eau qui coule, c'est comme une chanson et cette rivière est particulièrement jolie ! Et regardez, c'est incroyable ! Toutes ces minuscules grenouilles brun doré, pas plus grandes que l'ongle d'un pouce ! Il y en a partout !*

Ils s'arrêtent. Jules César entre en conversation avec l'une d'entre elles.

— *Je ne sais pas si je peux t'emmener avec moi, dit-il, hésitant.*

— *Non, dit Ulké, ce n'est pas possible. Nous allons traverser de grandes étendues sans eau : ce serait trop dangereux pour elle...*

La grenouillette, très déçue, est au bord des larmes.

— *Mais si tu veux, rendez-vous à PUENTA-LA-REINA, où je donnerais une leçon de natation à Amadéo.*

La grenouille, rassérénée, leur dit :

— *"À bientôt, alors !".*

SANCHO EL MAYOR

— *En attendant, allons à PAMPLONA ! Sais-tu, Jules César, que c'est un grand général romain qui a fondé cette ville, un siècle avant JÉSUS-CHRIST : Il s'appelait POMPÉE.*

— *Pompée, Pamplona ...*

— *Exactement. Pamplona a souvent été détruite. Même Charlemagne, qui trouvait ses fortifications inquiétantes, a essayé de détruire ses murs. C'est en revenant d'une de ces expéditions qu'est mort le pauvre ROLAND.*

— *Après les ROMAINS, les WISIGOTHS et les MAURES, ce sont les rois NAVARRAIS qui ont gouverné le pays. Vers l'an mille, SANCHO III EL MAYOR, qui régna de 1004 à 1035, traça le chemin actuel qui va de PAMPLONA à SANTIAGO.*

C'est un peu grâce à lui que nous sommes ici. Et c'est son lointain descendant qui combattait encore les MAURES, qui dort à Ronceveaux.

Ils arrivent, à Pamplona et devant l'hôtel de ville !

Les habitants de la ville sont très étonnés.

Ils ont pourtant souvent vu des pèlerins accoutrés de façon bizarre, mais ils n'en avaient encore jamais vu comme ceux-ci, surtout qu'en passant devant l'Hôtel de Ville, tous les quatre se mettent d'un commun accord à singer l'attitude glorieuse des lions qui, là aussi, ornent les balcons.

Évidemment l'imitation d'Amadéo est la plus réussie, son profil léonin y est pour quelque chose ! Puis ils passent devant la statue de SANCHO El MAYOR.

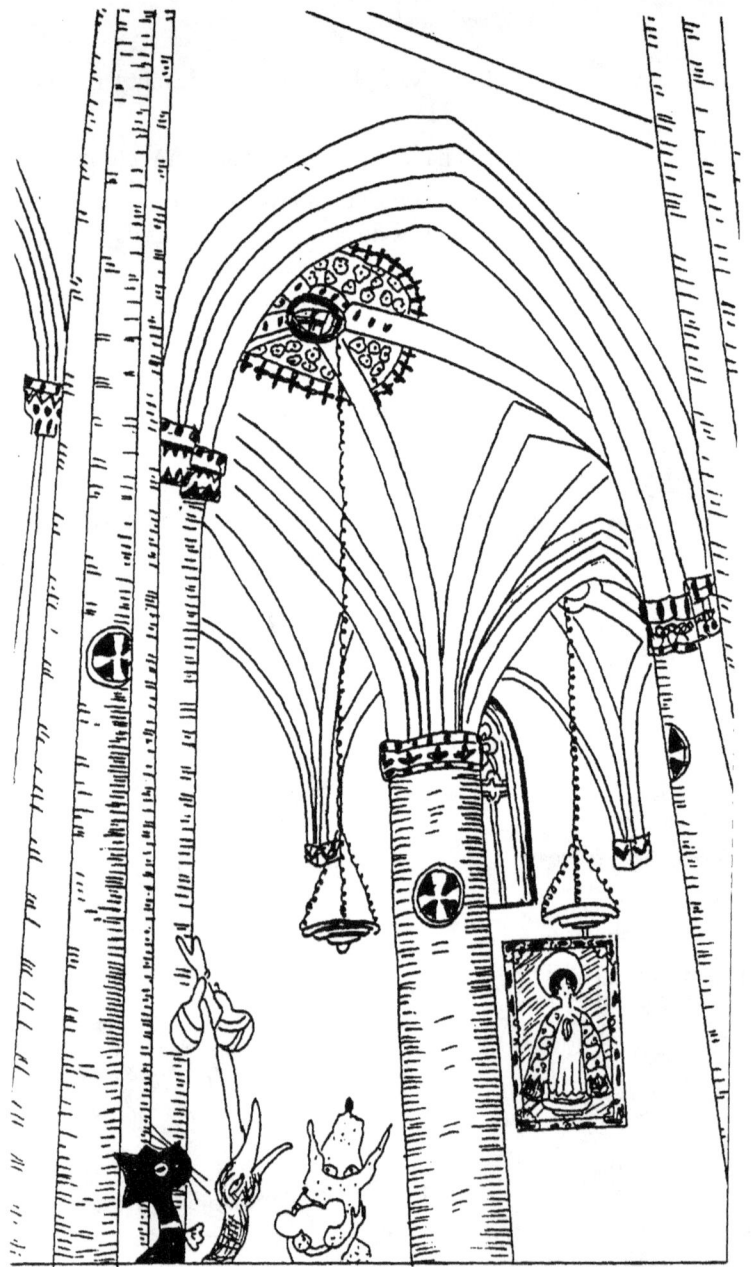

Dans la cathédrale, ils tombent en arrêt devant les gisants en marbre du roi et de la reine.

— *Comme ils ont l'air paisible ! Dit Pietre. Et ce lion et cette levrette ont l'air heureux d'être toujours à leurs côtés !*

Ils lèvent la tête et sont émerveillés par la hauteur des clefs de voûtes ornées de beaux écussons. Ils vont ensuite vers un autel de bois doré sculpté ; des scènes de la Bible y sont représentées.

— *Quelle horreur, ces hommes avec leurs grands sabres qui égorgent les petits enfants !*

— *Regarde plutôt tout là-haut : il y a un SAINT-JACQUES.*

— *Quand même, murmure en frissonnant Pietre, cela me rappelle de mauvais souvenirs. J'ai envie de sortir. Ils sont capables d'être bien cruels ces hommes !*

Ils sortent de la cathédrale.

— *Droit sur la citadelle ! Dit Ulké. Je vous ai réservé une surprise pour ce soir.*

— *Ils sont tout contents de quitter les rues encombrées où on les regarde comme des bêtes curieuses.*

— *On dirait qu'ils n'ont jamais vu de pèlerins étrangers ! Grommelle Pietre qui, sans ses béquilles, se sent fatigué.*

Les voilà enfin arrivés sous les grands arbres du parc. Il y a des fleurs un peu partout et là bas, sur le vert sombre, se profile un joli muret tout en dentelle de pierre. À son pied, des douves remplies d'herbes douce s'étalent de tout leur long.

— *Je vais parler au grand Cerf. C'est le chef de cet endroit. Il va sûrement nous inviter pour la nuit.*

— *Ulké, ma bonne amie ! Quel plaisir de te voir ! Tes sœurs sont passées il y a bien longtemps maintenant, j'allais envoyer des canards en éclaireurs, nous étions inquiets à ton sujet.*

— *Merci beaucoup, Grand Cerf, mais me voilà avec des amis.*

— *Descendez vite dans les douves avant que les gardiens ne viennent.*

Il y a là toutes sortes d'animaux, même des oies blanches, qui ne sont pas sottes du tout. Au contraire, tout de suite elles entourent Ulké, lui posant mille questions et lui racontant les derniers potins.

— *Nous nous préparons pour la Fiesta de la SAN-FERMIN. Ne pouvez-vous pas rester un peu plus longtemps ? C'est une tellement jolie fête !*

— *Nous reviendrons une autre année. Demain, nous allons à PUENTE-LA-REINA*, répond Ulké.

Le chien s'est excusé. Il dort déjà.

— *Nous devrions l'imiter car la route est encore longue. Merci pour le bon dîner, Grand Cerf, et bonne nuit !*

Étape 4 : de PAMPLONA à PUENTE-LA-REINA

Le chien, s'étant bien reposé, ils partent très tôt le lendemain matin.

Après une longue marche sous le soleil écrasant, ils voient surgir devant eux une petite chapelle octogonale, cernée d'arcades, au beau milieu de champs de blé.

— *Restons là un moment,* propose Ulké. *Nous pourrions pique niquer sous ce bel arbre.*

Pietre et Ulké visitent la chapelle. Le soleil passe au travers des vitraux d'albâtre ; une lumière très douce éclaire l'autel sur lequel est posé un petit saint de bois doré. Un pèlerin est abîmé dans ses prières. Ils ressortent tout doucement.

Ils retrouvent Jules César et Amadéo qui regardent le ciel.

— *Oh ! Dit-elle. Mais ce sont des faucons pèlerins ! Tu as raison d'avoir peur, Jules César, il n'y a pas de meilleurs chasseurs. Au Moyen-Age, tous les nobles seigneurs allaient à la chasse avec des faucons pèlerins.*

— *Eh ! Là-haut ! Voulez-vous déjeuner avec nous ?*

Jules César n'est pas rassuré. En un clin d'œil, les faucons fondent sur eux à une vitesse effrayante. Mort de peur, Jules César se réfugie carrément dans son sac. Tout le monde rit de lui. Il sort la tête du sac, un peu confus.

— *N'aie pas peur souriceau ! Nous avons vu que vous étiez des pèlerins, tu ne crains rien.*

Enfin rassuré, Jules César sort tout entier du sac, des bouts de chorizo plein les mains :

— *C'est pour vous,* leur dit-il.

Et ils déjeunent très gaiement.

— *Vous avez de la chance de nous avoir rencontrés, disent les faucons, car avant d'arriver à BURGOS, vous allez traverser un endroit très dangereux, LOS MONTES DE OCA. C'est un endroit réputé pour ses loups féroces ! Au Moyen-Age, les pèlerins redoutaient ce passage, car dans la forêt, se cachaient des bandes de brigands et des meutes de loups cruels. Nous surveillerons le CAMINO du ciel pour vous signaler les dangers s'il y en a.*

Après de chaleureux remerciements de part et d'autre, ils reprennent le CAMINO. En fin de journée, ils arrivent à PUENTE-DE-LA-REINA. Un magnifique pont se reflète sur les eaux de la rivière ARGA.

— *Tu vas être content, Jules César. C'est ici que je vais vous donner votre première leçon de natation.*

Mais allons d'abord faire poser le sello sur nos crédenciales.

Le refugio est immense, des rangées et des rangées de lits, superposés sur trois hauteurs, dans une grande pièce froide.

— *Brrr ! Ce n'est pas très gai, ici !* dit Amadéo.
— *Cela appartient aux moines,* répond Ulké. *Je doute que leurs chambres soient plus confortables.*

Ils retraversent la petite ville, le long de la calle Mayor, très étroite, qui laisse filtrer quelques rayons de soleil. Des boules de cuivre étincellent aux balcons, des géraniums d'un rouge éclatant débordent de toutes les fenêtres. Il y a un monde fou dans la rue ; c'est la sortie de l'école et les enfants étonnés accompagnent nos pèlerins jusqu'à la rivière.

— *Tu peux remercier la reine qui fit construire ce pont au 11ème siècle pour les pèlerins. C'était probablement la femme de SANCHO EL MAYOR, à moins que ce ne fût la reine ESTEFANIA DE NAJERA : personne n'est vraiment sûr.*

En son for intérieur, Amadéo s'en fiche, il n'a envie de remercier aucune reine, surtout, il n'a pas envie d'entrer dans la rivière ; mais voilà, tous les enfants sont là, qui regardent... Il ne veut pas être ridicule.

— *Allez, Amadéo, je commence par toi !*

Bon gré, mal gré, Amadéo entre dans l'eau : de gros poissons rouges tentent de l'encourager. Amadéo n'est pas très attiré par les sports aquatiques ! Jules César, impatient, se débrouille avec Pietre et les grenouilles. Pietre, lui, sait nager. "A la chien", naturellement. Le style manque d'élégance, mais il est efficace et cela suffit !

Le même soir, les cloches de l'église sonnent : ils vont à la messe et se recueillent. Certains d'entre eux, à vrai dire, somnolent, épuisés par les émotions fortes de la journée. Un beau Saint-Jacques pèlerin, en bois doré, a l'air de leur sourire. Le curé, remarquant plusieurs pèlerins, les bénit pour le voyage. Aussitôt le dîner avalé, ils se couchent, à bout de forces.

Étape 5 : de PUENTE-LA-REINA à ESTELLA et à IRACHE

Ils quittent PUENTE-LA-REINA tôt le matin. La ville dort, la rue si vivante la veille est désertée. Bars et cafés sont fermés.

— *J'aurais bien pris un petit déjeuner avant de partir... Soupire Jules César.*

— *Nous trouverons bien un bar en route, le rassure Ulké.*

Le CAMINO est beau. Ils entrent en NAVARRA où les fleurs sauvages égaient de leurs couleurs brillantes les flancs abrupts des coteaux. Camomille et bleuets, coquelicots, clochettes bleu azur, herbes blondes ondulent doucement sous la brise du matin. Ils respirent à pleins poumons.

— *Oh, c'est délicieux d'être dehors si tôt*, dit Amadéo qui avait eu du mal à se réveiller. *Le monde a l'air tout propre.*

Vers la fin de la matinée, l'entrain de la petite troupe se ralentit.

— *Cela n'a l'air de rien*, dit Pietre, *mais nous n'arrêtons pas de monter, descendre et remonter : cela me fait mal aux pattes !*

— *Arrêtons-nous là*, propose Ulké compatissante. *Il y a un petit ruisseau, nous pourrons y tremper nos pieds et il vaut mieux nous baigner ici que dans le RIO SALADO, que nous allons bientôt croiser.*

— *Et pourquoi donc ?*

— *Selon le premier "Guide du Camino Francès", écrit par un pèlerin français du Moyen-Age, la rivière SALADO avait été empoisonnée par de méchants brigands basques. Selon cet homme, qui s'appelait AMAYRI PICAUD, les basques noirs et cruels attendaient les pèlerins, dépeçaient leurs chevaux morts empoisonnés avec de grands couteaux et s'emparaient de la bourse des pauvres pèlerins trop malades pour se défendre.*

— *Tu me fais froid dans le dos avec tes histoires. Il en fallait du courage pour partir en voyage, à cette époque !*

— *Du courage ! Il va nous en falloir pour grimper en haut de cette côte, mais nous serons récompensés, car tout en haut se trouve le village de CIRAUQUI. D'ailleurs, regardez ! Nous marchons maintenant sur de belles dalles bien régulières. Ce sont des vestiges de voies romaines.*

— *Tu vois Jules César, le premier JULES CÉSAR aussi est venu en Espagne. Cirauqui est une ancienne cité romaine.*

— *Alors, en ce temps-là, l'Espagne était Romaine ?*

— *La Gaule, l'Angleterre, la Macédoine, la Grèce, enfin du Tibre à l'Euphrate, en passant par le Danube, tous ces pays ont subi la domination Romaine.*

Pietre interrompt Ulké :

— *Les légions romaines sont allées du côté des Germains et ce sont les Wisigoths qui ont fini par les écraser et démanteler leur Empire.*

— *Oui, mais ils avaient déjà tellement construit que l'on disait : toutes les routes mènent à Rome. Si ces voies romaines étaient conçues pour faciliter la rapidité d'action des armées de Jules César, tous les commerçants, les voyageurs et les pèlerins en profitaient, comme nous maintenant.*

Ils visitent rapidement Cirauqui, car il faut arriver à Estella avant le soir.

— *Estella ? C'est comme Compostela ? La ville des étoiles ?*

— *Du temps de romains, elle s'appelait Gebalda, puis du temps des musulmans, ce fut Lizarrai. Enfin, on raconte qu'en 1805, il y eut un miracle : des bergers virent l'image de Notre-Dame-du-Puy dans une pluie d'étoiles. Étoile en castillan, se dit Estella. Le roi Sancho Ramirez décida alors d'agrandir la ville pour en faire une étape du Camino, et il invita les pèlerins français qui revenaient de Compostela à y rester et à défendre la ville contre les Maures. Puis, en 1492, le roi Jean d'Albret y accueillit les juifs alors expulsés de Castille. Plus tard, en 1512, le roi Ferdinand d'Aragon, s'empara de la Navarre et détruisit le château d'Estella et la moitié du cloître d'une belle église que nous visiterons tout à l'heure.*

— *Dis donc Ulké, je m'y perds dans tous ces rois !*

L'Espagne n'était pas un pays uni comme aujourd'hui. Presque toutes les provinces étaient des petits royaumes indépendants qui avaient chacun leur roi et se faisaient très souvent la guerre.

— *Comme en France ?*

— *Comme dans toute l'Europe, à vrai dire.*

— *Mais Charlemagne, pourtant, avait unifié tout cela avec son Empire !*

— *Oh ! Cela n'a pas duré très longtemps — ses fils, à sa mort, se sont disputés, et terminé l'Empire !*

— *Regardez, nous sommes devant San Pedro de la Rua, l'église au cloître démoli, nous allons la visiter.*

Jules César s'est arrêté devant un escalier immense : il est complètement démoralisé.

— *Tu n'es pas sérieuse Ulké, tu ne veux pas que nous montions toutes ces marches en fin de journée. Je suis trop fatigué, allez-y sans moi !*

— *Courage, dit Amadéo, je t'attends.*

— *Non, non, je ne peux pas, et puis il fait trop chaud !*

— *Viens vite !* Lance Ulké, impatiente. *Nous prendrons un bain dans la fontaine de Los Chorros avant de visiter le Palais Royal.*

À ces mots, la petite souris se relève en poussant un gros soupir, et rejoint ses compagnons. Ils sont là, plantés en admiration devant le magnifique portail polybé de l'église. On dirait de la dentelle, dit Jules César, tout essoufflé.

— Ulké s'amuse. *Oui, les chrétiens ont passé leur temps à combattre les Infidèles, mais ils ont bien souvent copié leur art,* ils passent la lourde porte de bois. À l'intérieur, dans le chœur, un grand Christ est entouré de deux belles statues : un évêque à mitre dorée et une jolie Sainte Vierge.

— *Elle est belle,* murmure Amadéo. *Son sourire est si doux ! On dirait qu'elle tient une pomme dans la main ! Et l'enfant aussi sourit !*

— *Jésus lève son index.*

— C'est sûrement pour nous dire de l'écouter.
— *Regardez, dit Amadéo qui furète partout, cette colonne extraordinaire : on dirait une tresse de cheveux, pourtant elle est en pierre.*
— *Venez dans le cloître, vous en verrez d'autres aussi curieuses.*
— *Heureusement que "ton" roi d'Aragon n'a pas tout détruit, dit Jules César qui se sent revivre dans la fraîcheur du superbe cloître aux chapiteaux sculptés, aux colonnes qui se succèdent, sagement identiques.*
— *Identiques ? Pas vraiment. Regardez celles-ci, elles sont tout de travers.*
— *Ils entrent dans le palais royal.*

Ulké les appelle :

— *Venez plutôt regarder par les fenêtres. Il y a une très belle vue sur San Pedro De La Rua.*

— *Et ces chapiteaux, avec tous ces animaux fantastiques, sont magnifiques.*
— *Le plus connu est celui où Roland combat le géant Ferragut.*
— *Roland ? Le même Roland ?*
— *Parfaitement !*
— *Et qui est le géant Ferragut ?*
— *C'était un sarrasin, c'est-à-dire un Maure, qui descendait de Goliath.*

On dit qu'il mesurait trente-six pieds et qu'il possédait la force de quarante hommes. Aucune épée, aucun glaive ne pouvaient transpercer sa peau. Mais le vaillant Roland lui enfonça sa célèbre Durandale dans son unique point faible, le nombril.

— *Voyez, Ferragut est en train de tomber de cheval.*
— *Ah ! J'aurai bien voulu le connaître, ce Roland ! Soupire Amadéo.*
— *Moi, c'est Ferragut ! La force de quarante hommes !*

— *Arrêtez de vous disputer ! Coupe Ulké. Allons plutôt nous baigner à la fontaine de Chorros !*

Jules César a sa revanche. Amadéo n'aime pas encore beaucoup les bains. Il ne répond pas, et très digne, va le premier dans l'eau. Ce pauvre Amadéo est tout déconfit. Pietre a pitié de lui et le rafraîchit avec sa coquille.

Maintenant que nous sommes tout frais, ne traînons pas en ville, car il n'y a pas de refugio ici. Mais ce n'est pas grave, je connais un petit coin où nous serons tranquilles.

Ils se dirigent vers le pont de la Carcel qui fait le gros dos sur la rivière Ega. Des moutons qui le traversent, glissent et tombent les uns sur les autres. C'est une bousculade infernale.

— *Qui est-ce qui m'a fabriqué ce pont ? Bêle le bélier. Une pente pareille, c'est idiot ! Ah, ces hommes !... Allez, brebis ! Commande-t-il, autoritaire, on croirait, à vous voir, que c'est la première fois que vous traversez ce pont. Un peu d'ordre s'il vous plaît !*

Ulké se renseigne auprès de lui.

— *Le monastère d'Irache est-il toujours en restauration ?*

— *Oh oui ! Ce n'est pas près d'être fini !*

— *Très bien, nous irons y coucher ce soir quand les ouvriers partiront.*

— *Mais la porte sera fermée ! Dit le bélier.*

— *Je le sais bien, mais je laisserai mon bâton de pèlerin, et je volerai à l'intérieur du monastère.*

— *Ah ! C'est bien pratique des ailes ! Soupire le bélier. Si nous en avions, nous n'aurions pas tant de problèmes avec ce pont !*

Ils passent devant l'église du Saint-Sépulcre à la façade toute sculptée, avec une scène de la crucifixion et une autre de la dernière Cène, dont les personnages supportent le linteau de leurs mains. De chaque côté du portail, les statues d'un vieil archevêque oublié et d'un Saint-Jacques pèlerin forment un tableau superbe dans le soleil couchant. Ils reprennent la calle San Nicolas pour quitter la ville par la porte de Castille et, après une courte marche, arrivent devant les portes closes du monastère d'Irache. Avec un frisson de plaisir, Ulké laisse tomber son bâton de pèlerin et d'un puissant mouvement d'ailes s'envole très haut dans le ciel. Elle fait trois petits tours et se pose à l'intérieur du monastère, comme elle l'avait annoncé. Elle ouvre les portes.

— *Ouf ! Dit-elle, cela fait du bien de se dégourdir un peu les ailes ! Après toute cette marche, je me demandais si je saurais encore voler !*

Ses trois compagnons ne se sentent pas très à l'aise.

— *Ne vous en faites pas, leur explique Ulké. Avant d'être une université renommée, cette grande bâtisse fut le premier hôpital pour pèlerins. Avant même celui de Ronceveaux. Il est donc bien normal que l'on s'y réfugie."*

— *Quand même !* dit Pietre.

Ils s'installent le plus confortablement possible et ne sont pas longs à s'endormir. Le lendemain, quand les ouvriers les découvrent, c'est la fête. Ils sont tellement étonnés de voir ces curieux pèlerins qu'ils leur font visiter l'église. Elle est très grande, toute blanche et très lumineuse. Ses chapiteaux sont ornés de centaures, de fleurs et d'animaux étranges. Les immenses piliers qui supportent la coupole se terminent par de grandes coquilles Saint-Jacques.

— *Ah ! Ca alors ! Je n'avais jamais vu de coquilles de cette taille-là !*

— *Irache vous réserve encore bien des surprises ! Disent les ouvriers ravis de leur enthousiasme. Allez donc voir du côté de la fontaine des moines, un peu plus bas.*

Ils rient, se donnent de grandes tapes dans le dos, ils ont l'air de trouver cela très drôle. Intrigués, nos pèlerins se dirigent vers la fontaine. Et là, en effet, surprise : il y a deux robinets, un pour l'eau, et un autre pour le...vin ! Un écriteau les invite à se servir "sin abusar". Qu'est-ce-que cela veut dire ? Se demandent-ils. D'une petite niche, un Saint-Jacques de pierre surveille la fontaine en souriant. Ils n'ont jamais bu de vin.

— *C'est le moment d'essayer, dit Pietre. C'est l'occasion ou jamais !*

Ulké, pour une fois indécise, ne sait que faire.

— *Allons-y, insiste Pietre avec impatience. Puisque ce sont les moines eux-mêmes qui nous invitent !*

— *Ils remplissent leurs gourdes à ras-bord. Ils goûtent un petit peu.*

— *Mmmm ! Pas mauvais !*

— *Re-goûtent. Vraiment bon ! Dit Pietre en claquant des lèvres.*

La gourde est presque vide, vite, ils la remplissent à nouveau. Puis repartent vers Los Arcos.

Étape 6 : de IRACHE à LOS ARCOS

Ils cheminent gaiement. Le Camino est agréable, le soleil pas trop chaud, ils sont heureux.

Bien que... Soudain Jules César déclare :

— *Je ne sais pas pourquoi, mais tout d'un coup j'ai les jambes lourdes et j'ai très sommeil.*

— *Moi, c'est la tête, dit Amadéo. Je me sens bizarre.*

— *C'est probablement parce que nous n'avons pas pris de petit déjeuner. Arrêtons-nous et ouvre ton sac, Jules César.*

Ils sont dans un champ tout doré, les papillons volent de fleur en fleur. Un vieil olivier tout tordu leur offre son ombre. Ils commencent à manger.

— *J'ai soif ! Dit Pietre. Et il boit un grand coup à la gourde.*

— *C'est drôle ! Dit Ulké. Je ne tiens plus du tout sur mes pattes !*

Elle est tout de travers et penche son long cou de l'autre côté pour rétablir l'équilibre.

— *Oh ! Comme tu es drôle comme cela ! Pouffe Amadéo.*

— *Je vois double, dit Jules César, soudain pris d'un fou-rire irrépressible et communicatif.*

Les rires fusent. Ils se roulent par terre.

— *Quand je pense à la méchante fermière qui nous a chassés de sa ferme ! C'est grâce à elle que nous parcourons le monde ! Hoquette Jules César.*

— *Et ce chasseur sanguinaire ! Dit Ulké. C'est grâce à lui que je vous ai rencontrés.*

Pietre rit tellement que l'on a du mal à comprendre ce qu'il dit.

— *Je crois, dit Ulké, avec peine car les gloussements de son rire remontent tout le long de son cou, que nous devrions faire une petite sieste. Le vin des bons moines est très bon, mais il a d'étranges effets.*

Pietre ronfle très fort, les autres ne l'entendent pas, ils dorment. Ils ont tous les quatre ivres-morts. Après la sieste, ils sont un peu honteux et se disent qu'il faut rattraper le temps perdu. Ils arrivent à Los Arcos. L'église est fermée mais vraiment ils sont trop fatigués pour avoir envie de visiter quoi que ce soit. Ils ont un peu mal à la tête et vont se désaltérer à la fontaine.

— *Je n'avais jamais trouvé l'eau si bonne ! Soupire Pietre.*

— *Moi non-plus, approuvent-ils en chœur.*

On pose le sello sur leurs crédenciales et on les dirige vers une petite école désaffectée qui sert de refugio. Beaucoup de pèlerins sont déjà installés. Il ne reste que quatre places dans une toute petite chambre. Ils se couchent car ils sont encore fatigués par leur expérience du matin. Les autres pèlerins reviennent après dîner. Ils font un bruit terrible ! Sûrement l'effet du "vino tinto" ! Se disent-ils en connaisseurs. Et voilà que deux pèlerins espagnols se mettent à ronfler si fort que Jules César à l'impression que son lit tremble. Impossible de dormir ! Ils ramassent leurs affaires et partent sur la pointe des pieds. Ils seront mieux dehors.

La lune éclaire le petit chemin.

— *Ici, nous serons très bien*, décide Ulké.

Le lendemain matin ils sont réveillés par une compagnie de perdrix. Ils regardent autour d'eux. Ils sont dans un "cimetière" de bornes kilométriques. L'une d'elles annonce même — Santiago de Compostela : 682 km.

— *Eh bien, nous ne sommes pas encore arrivés ! Nous ferions mieux de repartir.*

Étape 7 : de LOS ARCOS à LOGRONO - VIANA

Ils marchent. Le soleil brille mais le vent s'est levé. Ulké dont les palmes de pied sont tout enflées avance difficilement. Ce vent n'arrange pas les choses. Jules César lui aussi est très fatigué. Il n'a pas bien dormi dans le champ. Il a eu froid et il se traîne. Ulké aimerait voler, mais elle ne peut abandonner ses compagnons : ils ne connaissent pas le Camino. Enfin, après une longue journée de souffrances, ils arrivent en vue de Logrono.

Au tournant du Camino, une vieille femme, ridée comme un vieux parchemin, les arrête :

— *Halte-là ! Vous entrez dans la République Autonome de la Rioja. Je suis la Gardienne des Frontières. Vous devez marquer vos noms et adresses dans ce grand livre.*

Très impressionnés, ils s'exécutent. Jules César a beau s'appliquer, son écriture ressemble à des pattes de mouches.

— *Et si je faisais un dessin à la place ?*

La gardienne est ravie, elle a quatre nouveaux noms sur ses registres. Elle leur offre des figues succulentes et très sucrées.

— *Savez-vous, leur dit-elle, ses yeux noirs brillants de passion, que vous êtes dans la région où le MATAMORO est apparu ?*

— *Pourquoi Matamoro ? Demande Pietre.*

— *Matamoro : tueur de Maures ! Le roi Ramiro Ier de Léon et des Asturies ayant refusé de payer le tribut de cent vierges que le méchant Calife exigeait tous les ans, il y eut une grande bataille. Ramiro Ier n'avait pas peur, car la nuit précédant la bataille, Santiago lui avait promis, dans un rêve, de l'aider à bouter les Infidèles hors de son pays. Alors le matin de la célèbre bataille de Clavijo, en 844, il se leva plein d'ardeur en criant : En avant ! Santiago !*

— *Et alors ?*

— *Eh bien ! Dit la vieille, indignée par une telle question, il a gagné bien sûr ! Et le Calife n'a plus jamais eu de vierges en tribut.*

— *Et le Matamoro, comment était-il ?*

— *Superbe ! Affirme la vieille remplie de fierté, sur un magnifique cheval blanc, armé de la croix et d'une grande épée. À lui tout seul, il a tué soixante mille Infidèles.*

— *Pfuit ! C'est sûrement plus que Jules César, dit la petite souris avec admiration, car lui, il se faisait aider.*

Tout en racontant son histoire, la vieille femme a observé Ulké et Jules César. La souffrance se lisait sur leurs visages.

— *Vous devriez aller à l'hôpital, ils ont l'habitude des pèlerins.*

— *C'est une bonne idée, dit Pietre qui soutenait Ulké.*

Ils sont très bien reçus.

— *Ah ! Je vois, je vois, dit le docteur. Il faut absolument vous reposer une journée, mettre de la glace sur vos pieds et prendre ces petites pilules. Et vous verrez, tout ira bien.*

Une infirmière leur fait de beaux pansements et leur dit :

— *Cela tombe bien, demain c'est la fiesta à Viana. Si vous voulez, je vous y emmène après mon travail. En attendant je vous conseille d'aller visiter les caves à vin de Logrono.*

Ulké et Jules César se sentent déjà beaucoup mieux. Le repos est bien mérité, se disent-ils. En passant dans la "rua vieja" ils s'arrêtent, interdits, devant une représentation extraordinaire du Santiago Matamoros.

— *Je comprends qu'il ait fait peur aux Maures.*

Ils se dirigent tout doucement vers les caves.

— *Attention aux marches ! Dit le tôlier. Je vais vous faire goûter mes meilleurs crus. Ils entrent dans une belle cave voûtée, pleine d'énormes tonneaux.*
— *Tenez, goûtez-moi celui-ci ! Vous m'en donnerez des nouvelles !*
— *Attention ! Dit Ulké à mi voix. Souvenez vous de l'écriteau.*
— *Goûter sans abuser ! Maintenant nous savons ce que cela veut dire.*

Ils choisissent une très bonne bouteille pour remercier Trinidad, la gentille infirmière qui, pendant le trajet en voiture, leur a raconté l'histoire de Viana :

Viana fut fondée par Sancho El Fuerte en 1219. C'était une ville frontière avec la Castille. C'est pourquoi vous y verrez encore de vieux murs de fortifications. Nous avons aussi une personne très célèbre, enterrée ici, hélas ! César Borgia, mort en 1507. Il avait commis tellement de crimes dans son pays qu'il avait été obligé de le quitter. Sa tombe est restée longtemps dans l'église Santa Maria. Mais au siècle dernier, l'évêque trouva scandaleux que cet homme cruel, cet empoisonneur, ce fourbe, se trouve à l'intérieur de l'église : il le fit mettre sur le parvis, pour que tout le monde puisse marcher dessus, comme symbole du mépris des honnêtes gens pour de tels criminels.

Le lendemain matin Viana est en fête. Tous les habitants participent.

Les femmes et les hommes sont tous habillés de blanc avec des foulards, des bérets, des ceintures et des fleurs rouges piquées dans les chignons. C'est la Fiesta !

Des vachettes courent dans la rue, tout le monde rit en s'enfuient.

Des géants de carton-pâte avancent en se dandinant, un "père fouettard" brandit son fouet, menaçant les enfants qui s'enfuient de tous les côtés.

Lorsque nos quatre amis voient les géants, ils se regardent — sans parler, ils se sont compris. Et hop ! Pietre saute sur les ailes d'Ulké, Amadéo, sur les épaules de Pietre et Jules César, tout en haut. La foule hurle de joie.

Un peu plus tard, dans l'arène, Ulké, Trinidad et Jules César admirent les prouesses de Pietre. Amadéo et lui se sont habillés aux couleurs du pays. Amadéo se montre très prudent, mais Pietre est impressionnant, on dirait qu'il a défié les taureaux toute sa vie !

La foule, rouge et blanche, est surexcitée, elle pousse des Olés ! Et des Vivas ! À chaque pirouette, lance des fleurs, applaudit : c'est un délire.

Le soir, au superbe banquet, tout le monde veut les inviter. Le bon vin de Rioja coule à flots. Mais ils sont très sages, car ils reprennent la route dès le lendemain matin.

Étape 8 : de VIANA à NAJERA

Le soleil brille encore. Trinidad leur a raconté que c'est dans un village de sa province, Abelda De Iruega, vers l'an 900, au monastère San Martin, que pour la première fois en Europe on a utilisé les chiffres arabes.

— *Arabes ? Pourquoi arabes ?*

— *Parce que, avant cela, les gens utilisaient les chiffres romains. C'était beaucoup plus compliqué. Les Romains n'avaient pas le chiffre zéro. Le zéro est une invention arabe... C'est à partir de son utilisation que les mathématiques se sont beaucoup développées.*

Passionnés par ce récit, ils se retrouvent à Navarrete sans s'en rendre compte. Ils décident d'y prendre un bon petit déjeuner. Pendant que les trois autres trempent leurs croissants croustillants dans leur chocolat, Ulké reprend :

— *C'est ici que Duguesclin, un preux chevalier français qui aidait Henri II Transmatare, fut fait prisonnier par le Prince Noir en 1367. Comme il était très brave, le roi de France paya une forte rançon pour le récupérer.*

Après le délicieux petit déjeuner, ils grimpent les marches jusqu'à l'église de l'Asuncion où, après avoir mis un "sou pour voir", le retable du chœur s'allume, dévoilant de magnifiques peintures.

— *Oh ! Quelles merveilles ! Toutes ces scènes de la Bible, peintes avec ces admirables couleurs ! S'extasie Amadéo subjugué.*
— *C'est du seizième siècle, le style est baroque. Dans la sacristie, il y a un autre trésor, un triptyque peint par Rembrandt.*

Ayant tout admiré, ils reprennent le Camino, marchant un bon moment en silence pour assimiler toutes ces beautés. Enfin, Najera se profile au loin. Ils longent un grand mur sue lequel est écrit un poème espagnol : Peregrino, quien te llama ?

— *Qu'est-ce que cela veut dire ? Interroge Jules César.*
— *Pèlerin, qui t'appelle ?*
— *Tu as de la chance de parler aussi bien espagnol, dit Jules César. J'ai envie d'apprendre moi aussi. Remarque, je sais déjà dire "queso".*
— *Queso ? Qu'est-ce que c'est ? Demande Amadéo étonné.*
— *Fromage ! Répond fièrement Jules César.*
— *C'est vrai que c'est un mot de survie pour une souris, plaisante Amadéo.*
— *Allez, au lieu de vous taquiner, pressez un peu le pas ! Nous avons des merveilles à visiter à Najera. Voyez-vous ces gros rochers rouges là-bas ?*

Eh bien, c'est, accolée à eux que se trouve Santa Maria La Real : une partie de l'église est même creusée dans la roche.

— *Une église troglodyte ?*
— *Une légende raconte que le roi Don Garcia, que l'on appelait aussi "El De Najera", chassait une pauvre colombe avec son faucon pèlerin lorsque les deux oiseaux disparurent à l'intérieur d'une grotte. Le roi, y pénétrant à leur suite, les retrouva côte à côte, paisiblement installés devant une statue de la Vierge. Il fit alors construire une église autour de la grotte.*
— *Je suis fatigué ! dit soudain Jules César.*
— *Encore un peu de courage, nous pourrons nous reposer dans le cloître des Chevaliers. Vous n'avez encore jamais rien vu de pareil ! Il est "plateresque" : ce style s'appelle ainsi parce que ses sculptures sont si fines qu'elles rappellent les ciselures des plats d'argent de l'époque.*
— *Quelle époque ?*
— *Le seizième siècle.*

Lorsqu'ils entrent dans le cloître, c'est avec joie qu'ils s'assoient un moment.

— *Nous avons fait presque quarante kilomètres ! Soupire Jules César. C'est quand même beaucoup pour mes petites pattes !*

Ulké, pour prouver que les palmes de ses pieds sont tout à fait guéries, va se poser sur une colonnette au milieu du cloître. Pendant ce temps, les autres contemplent avec admiration la sculpture en dentelle de pierre qui représente des petits anges jouant avec des loups, des animaux étranges, des oiseaux fantastiques, des hommes en prière...

— *Tu as raison Ulké, je n'ai jamais rien vu de tel !*
— *Attendez ! Vous n'avez pas encore vu toutes les merveilles que Santa Maria La Real renferme. Nous allons visiter le panthéon des rois de Navarre. Venez voir ce tombeau : c'est celui de Dona Blanca, qui est morte en donnant la vie à Alphonse III, roi de Castille. Le petit enfant qui s'envole représente l'âme de Dona Blanca.*

— *Mais tu nous avais dit que c'était le panthéon des rois de Navarre ?*

— *Au début, oui, mais en 1076 la province de la Rioja, où se trouve Najera, fut rattachée au royaume de Castille. On a retrouvé la première monnaie connue de la reconquête, frappée ici, à Najera, pour le roi Sancho Le Grand. Najera est une étape importante du Camino depuis ce temps-là.*

En sortant de l'église, après avoir fait apposer leurs "sellos", ils sont surpris par le vent.

— *Dommage, je voulais vous emmener camper sur une île du Rio Najerilla. Allons au refugio, c'est cette cabane en bois. Nous pourrons nous coucher un peu tard, car demain notre étape est plus courte que d'habitude.*

— *Chouette ! Dit Amadéo, un peu de farniente ne sera pas désagréable.*

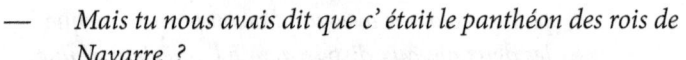

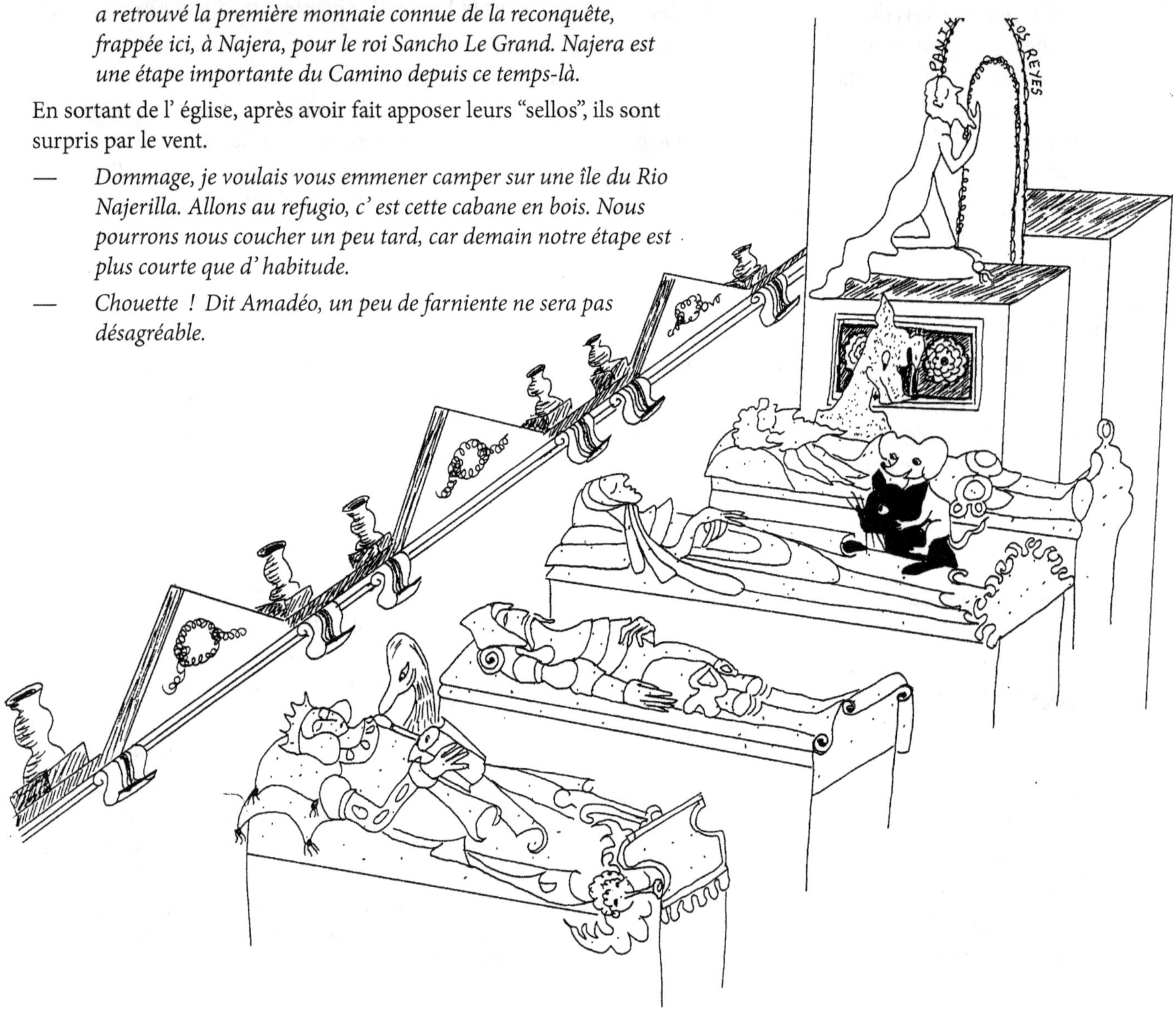

Étape 9 : de NAJERA à SANTO DOMINGO DE LA CALZADA

Le lendemain matin, ils montent un raidillon creusé dans le roc qui surplombe l'église de Santa Maria La Real. Ils se trouvent rapidement au milieu d'un bois de pins, au sol de sable fin.

— *On se croirait au bord de la mer !*

Ils arrivent devant d'impressionnantes étendues de vigne. "Le vin de la Rioja est devant vous !" Annonce Pietre grandiloquent. Un vent terrible souffle sur les vignes. Ils avancent, courbés, sans parler, luttant de toutes leurs forces contre la tempête. Ulké a l'air d'un dragon, toutes ses plumes ébouriffées par le vent. Soudain Pietre, qui ouvre le chemin pour protéger Jules César, si petit, entend :

— *Merde ! Merde ! Merde !*

— *Que dis-tu ?* Demande-t-il, croyant que le vent a déformé les paroles.

— *Je dis : merde !* Dit Jules César, absolument furieux. *C'est ce qui exprime le mieux ce que je ressens. Ulké nous avait dit qu'aujourd'hui nous ferions une petite promenade ! Eh bien, je n'ai jamais été aussi fatigué de ma vie !*

— *Asseyons-nous un peu,* propose Ulké, conciliante.

Tout autour d'eux, les belles grappes de raisin bleu sombre ont l'air mûres à point.

— *Tu crois que l'on peut y goûter ?* Demande Amadéo.

— *Eh bien moi, je goûte,* annonce Jules César en mordant une belle grappe à pleines dents. *C'est une question de vie ou de mort : il faut que je retrouve des forces !*

Pietre et Amadéo font de même. Seule la vertueuse Ulké résiste à la tentation. Ils se relèvent, et un peu honteux de leur larcin, reprennent le Camino.

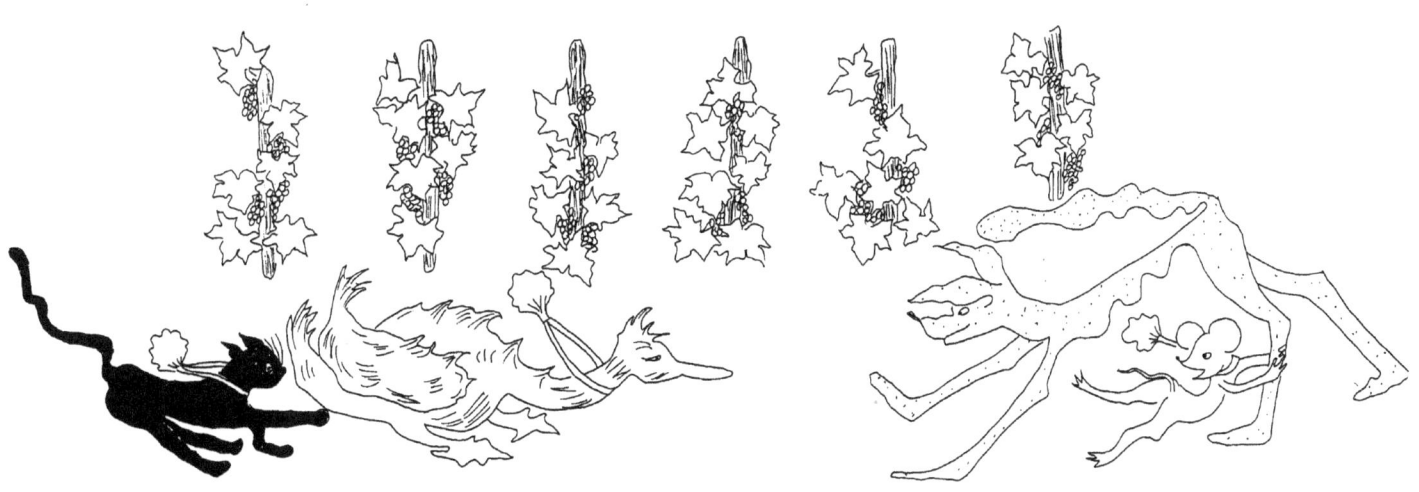

— *Oh ! Regardez comme c'est drôle, ce cycliste !* Dit Jules César, soudain de bien meilleure humeur. *Il pédale de toutes se forces, mais il ne bouge pas.*

— *Il est pourtant dans une grande descente !*

— *Oui, mais le vent est encore plus difficile pour les cyclistes que pour les piétons.*

Ils arrivent à la hauteur du cycliste.

— *Je crois,* dit Pietre en riant, *que cet homme dit la même chose que Jules César tout à l'heure, mais en espagnol.*

Enfin, après une lutte continue contre le vent, ils aperçoivent la haute tour de la cathédrale.

— *Allons tout de suite au refugio,* propose Ulké, *surtout que celui-ci est un des plus agréables du Camino. Ce sont les familles de la Confrérie de Saint-Jacques qui s'en occupent depuis le Moyen-Age.*

En les voyant arriver, les Hospitaleros s'exclament :

— *Madre de dios ! Des pèlerins comme cela, c'est quasiment miracle ! Allez visiter l'église, vous y rencontrerez des amis !* Disent-ils en riant.

En effet, à l'intérieur de l'église Amadéo, Pietre et Jules César se sont arrêtés médusés. Ulké rit de leur étonnement.

— *Mais, c'est abominable d'être enfermé comme cela !* Rugit Pietre, tout d'un coup très en colère. Et il lance la corde qui l'avait lui-même attaché à un arbre, en haut de la grille d'un poulailler dans lequel se trouvent un coq blanc à la superbe crête rouge et une poule dodue.

— *Vite, Jules César ! Grimpe ! Va les délivrer !*

— *N'écoutant que son courage,* Jules César s'élance.

— *Je viens ouvrir votre porte, monsieur le coq, madame la poule !*

— *Pas question ! De quoi vous mêlez-vous ?* Demande le coq, à son tour fort en colère, la crête toute hérissée. *Nous avons encore une semaine à faire, et rien ne nous en empêchera ! C'est un tel honneur que d'être choisi !*

— *Que voulez-vous dire ? Honneur ? Choisi ?* Demande Pietre, interdit.

— *Mais oui, nous continuons la tradition,* répond le coq en se rengorgeant. *Nous, la même famille, de père en fils depuis le Moyen-Age, nous sommes toujours là.*

— *Mais pourquoi donc ?*

— *À cause du miracle !*

— *Le miracle ?* Répète Pietre de plus en plus perdu.

— *Que vous êtes ignorants ! Le pendu dépendu, évidemment ! Redescendez et regardez la peinture au-dessus de la porte, elle explique tout.*

Ils s'assoient tous les quatre près d'une jolie petite balustrade, devant la porte, et écoutent le coq qui raconte le miracle :

— *Il y avait une fois un père, une mère et leur jeune et beau garçon qui faisaient le pèlerinage de Saint-Jacques-de-Compostelle. Ils allèrent à l'auberge où une servante, trouvant le jeune homme très beau, voulu le séduire. Mais il était pur et ne comprit pas. La servante, en colère et voulant se venger, mit une tasse d'argent dans la poche du garçon. Lorsqu'ils repartirent au petit matin, elle cria : Au voleur ! Au voleur ! Ce garçon a volé une tasse d'argent !*

— *Personne ne crut le garçon lorsqu'il nia avoir pris la tasse. On le pendit !*

— *Oh ! Le pauvre !* S'exclame Amadéo.

— *Elle a de la chance de ne plus être là, cette maudite servante !* Grogne Pietre.

— *Attendez ! Attendez !* Reprend le coq. *L'histoire n'est pas finie ! Quand les parents revinrent de Santiago, très tristes, ils voulurent voir le corps de leur enfant une dernière fois. Quel ne fut pas leur bonheur lorsqu'ils entendirent leur fils, qu'ils croyaient mort, leur parler. Papa, maman, je suis vivant ! Le bon Saint-Jacques m'a tenu les pieds pendant toute votre absence ! Détachez-moi !*

Les parents coururent chez le juge, qui était attablé devant deux volailles rôties. Quand les parents lui apprirent que leur fils était toujours vivant, il se moqua et leur dit : "Aussi vivant que ce coq et cette poule !" À cet instant, le coq et la poule se couvrirent de plumes et se mirent à chanter. Le juge, émerveillé et honteux de son erreur, courut délivrer le jeune garçon. On pendit la vilaine menteuse à sa place.

— *Justice était faite !* Concluent-ils en chœur.

— *Et depuis ce fameux jour, nous sommes présents dans l'église pour rappeler le miracle,* dit la poule, gloussant de plaisir. *Il est dommage que vous voyiez l'église toute nue,* ajoute-t-elle, *car nous y avons d'habitude le plus beau retable d'Espagne ! Que dis-je ! Du monde ! On m'a bien parlé de celui de Séville, avec ses deux mille personnages, mais je suis bien sûre qu'il n'atteint pas la beauté, l'élégance, la fantaisie, la légèreté de l'œuvre de Maître Damien Forment ! Ce sculpteur de la Renaissance est venu à Santo Domingo De La Calzada avec toute sa famille. Son travail dura plus de vingt ans. Il mourut dans la nuit du 24 décembre 1540.*

— *Sûr qu'il est allé tout droit au ciel,* dit le coq, gravement.

— *Heureusement, son neveu, qui l'avait beaucoup aidé, put continuer son œuvre.*

— *Pourquoi le retable n'est-il pas là ?*

— *Un feu, un terrible incendie ! Nous avons bien cru que nous allions finir rôtis comme nos célèbres ancêtres,* répond la poule dans un gloussement de frayeur rétrospective. *Mais surtout,* ajoute-t-elle, *n'oubliez pas d'aller visiter la tombe de Santo Domingo qui est juste à côté, dans cette petite crypte.*

Ils vont donc visiter le tombeau du Saint qui, toute sa vie durant, fut un grand constructeur et protecteur des pèlerins. C'est lui qui a construit cette magnifique église et restauré bien des ponts et voies romaines pour faciliter le passage des pèlerins. Quand ils rentrent se coucher dans le merveilleux refuge, tout le monde les attend impatiemment :

Alors ? Vous avez vu le poulailler ?

Et ils racontent. Les autres pèlerins n'en croient pas leurs oreilles ! Nous sommes vraiment dans la ville des miracles, marmonne un vieux suisse dans sa barbe.

Étape 10 : de SANTO DOMINGO DE LA CALZADA à BELORADO

Le lendemain matin, le soleil brille toujours mais le vent n'a pas complètement cessé. La route nationale recouvre de macadam l'ancien Camino.

Jules César, peu patient de nature, rouspète encore :

— *Ils sont fous ces camions ! Ils vont nous écraser ! Une allure pareille, cela devrait être interdit. Cela me rend malade, je ne me sens vraiment pas bien.*

— *C'est vrai, remarque Pietre, ils auraient pu faire un sentier pour les pèlerins à côté de la route. C'est dangereux.*

Enfin, après une longue journée, à laquelle ils n'ont pas vraiment pris plaisir, ils arrivent exténués à Belorado. Jules César a mal au cœur, Amadéo se tient le ventre, Pietre, à son habitude, ne se plaint pas, mais il a grise mine.

— *Heureusement, j'ai des amies cigognes qui perchent tous les ans sur l'église près des rochers, elles vont nous aider, dit Ulké, alarmée par l'état de ses compagnons de route.*

— *Allez donc voir l'hospitalera du refugio, conseillent les cigognes. Elle s'appelle Barbara, elle est allemande, nous restons dans sa ville de temps en temps. Elle vous aidera, elle est adorable.*

En effet, Barbara est charmante. Tout de suite elle les dirige, en haut d'un petit escalier de bois branlant, vers le seul et unique "vrai" lit du refugio.

— *Je le garde pour les malades, explique-t-elle.*

Soudain, Pietre se précipite en bas des escaliers. Vite ! Les toilettes !

Le soir, ils reçoivent au lit la visite de Monsieur le Curé.

— *N'auriez-vous pas mangé du raisin, par hasard ? Demande-t-il souriant. Souvent les pèlerins fatigués en grappillent quelques grains. C'est une erreur car les vignerons se méfient des vols et mettent des produits sur leurs vignes. Il vaut mieux attendre qu'ils vous en offrent : les Espagnols sont très généreux.*

— *Jules César, honteux, avoue que c'est lui qui a entraîné ses amis.*

— *Oh ! Ce n'est pas bien grave, reprend le curé, dès demain vous irez mieux : je vous apporterai des croissants pour le petit déjeuner et vous repartirez d'un bon pied.*

Toute la nuit pourtant, ils sont malades. Sombre et lugubre, un immense tableau représentant un moine aux pieds nus, entouré de têtes de mort pend au dessus de leurs têtes.

— *Brrr ! Pas très réconfortant ce tableau, dit Pietre en revenant pour la dixième fois des toilettes.*

— *C'est pour te faire songer à la vanité des choses, répond la petite souris d'un ton lugubre.*

— *Adieu mes amis, je sens que je vais mourir !*

Heureusement, il y a Barbara qui est si gentille.

— *Mais non, voyons, dès demain vous irez mieux. Et si jamais vous vous sentez encore faibles, vous pourrez rester.*

Brave Barbara. Ils restent. Ils vont remercier Monsieur le Curé dans sa belle église de Santa Maria et ressortent au soleil. Des femmes sont là, cernées d'une montagne de poivrons de toutes les couleurs. Un feu grésille tout près. Amadéo, l'amoureux des couleurs, ne résiste pas. Que c'est joli ! Il propose son aide. Et les voilà tous les quatre qui mettent les poivrons en bocaux. "Ne touchez surtout pas aux tous petits !", les prévient une vieille femme. Ce sont des piments rouges et vous auriez le palais en feu.

— *Les expériences gastronomiques, cela suffit pour le moment !* Dit Amadéo, se frottant le ventre.

Étape 11 : de BELORADO à SAN JUAN DE ORTEGA

— *Oh ! Je suis bien content de repartir et de quitter ces têtes de mort, dit Jules César qui a été très impressionné. Vive la vie ! Il chantonne son bonheur de se sentir bien vivant.*

— *C' est aujourd' hui, les prévient Ulké, que nous allons grimper les Montes De Oca. La montagne est couverte d' une belle forêt de chênes. C' est l' endroit qui terrifiait tellement les pèlerins moyenâgeux, car la forêt était infestée de loups et de brigands. Le pèlerin ne savait jamais s' il allait arriver vivant à San Juan De Ortega. En hiver surtout, il y a en plus beaucoup de neige et le vent glacial que vous connaissez bien. C' est pourquoi San Juan De Ortega construisît un hôpital et une église dans cet endroit pour protéger les hommes de tous ces dangers.*

Jules César regarde là-haut, dans le ciel bleu et fait de grands signes avec ses bras.

— *Ces braves faucons pèlerins ! Ils sont là. Ils surveillent la forêt comme ils nous l' avaient promis. C' est bien agréable de se sentir protégé. Si nous les invitions à déjeuner ?*

Au premier appel, les faucons fondent sur eux. Jules César, malgré un petit frisson, est resté là.

— *Ah ! Je vois que tu n' as plus peur, le félicite le faucon.*

— *Oh ! Quand je pense aux risques que prenaient les hommes d' autrefois, j' ai un peu honte de moi, avoue Jules César.*

— *C' est vrai, reprend le faucon, qu' il y avait vraiment de tout sur le Camino dans le passé. De grandes dames entourées de leurs serviteurs. Des prisonniers qui purgeaient leur peine. Des personnages plus ou moins honnêtes qui monnayaient leurs services et qui faisaient le pèlerinage à la place de personnes trop vieilles ou trop malades pour accomplir elles-mêmes leurs vœux. On ne savait vraiment jamais à qui on avait à faire ! Je suis bien content de ne plus être au Moyen-Age, et de pouvoir profiter de cette forêt superbe, écouter le chant des alouettes plutôt que le hurlement des loups, et admirer ces milliers de petites fleurs mauves, si jolies. On dirait que le chemin est parsemé d' étoiles !*

— *Ce sont des crocus sauvages, nous en aurons jusqu' à Santiago. Allez, il nous faut quitter nos amis les faucons, et la province de la Rioja, pour entrer en Castille.*

Ils cheminent encore un peu et aperçoivent les belles formes rondes et pleines de l'église de San Juan De Ortega, à l'intérieur de laquelle ils pénètrent.

— *Moi, ce que je préfère dans les églises romanes, ce sont les chapiteaux sculptés. Tous ces hommes du Moyen-Age qui se servaient de la pierre pour raconter des histoires, c'est beau comme un livre d'images.*

— *Tenez ! Regardez celui-là, comme c'est attendrissant ! Jésus dans son berceau, tenu par un ange ; l'âne et le bœuf qui réchauffent l'enfant de leurs gros museaux.*

Ils admirent ensuite la tombe de San Juan.

— *Toute l'histoire de sa vie est racontée là. Il est mort en 1162, et c'est au quinzième siècle, beaucoup plus tard que l'on a rajouté ce sarcophage dans l'église.*

— *J'adore ces vitraux d'albâtre, ils donnent une lumière magique !*

— *C'est encore plus magique que tu ne le crois, le 21 mars et le 23 septembre, aux équinoxes de printemps et d'automne.*

— *Que veux-tu dire ?*

— *L'architecte, peut-être San Juan lui-même, a fait en sorte qu'un seul petit vitrail puisse recevoir les rayons du soleil, à exactement 5h7mn, et illumine la scène de la nativité.*

— *Oh ! C'est féerique ! Je reviendrai pour assister à cela*, dit Amadéo ébloui.

— *Ils sortent de l'église. Le refugio est une grande bâtisse glaciale, sans confort, avec de l'eau tellement froide, que l'on est étonné qu'elle ne se change pas en glace aussitôt sortie des robinets !*

— *Brrr ! Ce n'est pas la peine de me dire de prendre une douche, Ulké ! Il n'y a rien à faire, aujourd'hui je fais grève, je ne me lave pas !*

— *Nous non-plus !* Renchérissent Jules César et Pietre comme un seul homme.

— *Pfuitt ! On voit bien que vous ne venez pas du Grand Nord ! Vous vous conduisez comme des poules mouillées !*

— *Quel culot ! C'est toi-même qui nous a expliqué que c'était pour fuir la neige et la glace que tu voyageais comme cela tous les ans !*

— *C'est vrai*, admet Ulké, rieuse. *Eh bien, moi non-plus je ne me laverai pas.*

Tous redescendent se réchauffer aux derniers rayons de soleil, sur un petit banc de pierre accolé au mur de l'église. Padre Jose Maria sort justement de son église. Il est très étonné et un brin soupçonneux.

— *Êtes-vous de vrais pèlerins ?* Leur demande-t-il, bourru.

— *Oui, nous sommes de vrais pèlerins ! Répond Jules César, outré. Cela ne se voit pas, non ?*

— *Pour me faire pardonner*, s'excuse le Padre, radouci, *je vous invite à goûter ma soupe au pain et à l'ail avant d'aller vous coucher.*

Ils ont tellement froid et faim que la soupe brûlante leur paraît délicieuse. Ils en reprennent, et du chorizo, et du pain !

— *C'est un menu qui nous vient du Moyen-Age*, leur dit le Padre. *L'ail était très prisé à cette époque comme antiseptique contre toutes les infections.*

Étape 12 : de SAN JUAN DE ORTEGA aux FAUBOURGS DE BURGOS

Le froid les réveille. Ils repartent très tôt.

— *Tant mieux, dit Ulké, nous ferons un petit détour avant Burgos, j'ai de vieilles amies cigognes qui logent à plusieurs sur un toit d'église. Nous irons les voir.*

Après une très jolie promenade sur le plateau, dans une forêt de pins et de chênes nains de plus en plus clairsemée, ils atteignent la plaine. Les champs dorés sont pleins de coquelicots, de bleuets, de camomille, de boutons d'or, de gros chardons épineux bourdonnent d'insectes. Des fourmis noires trottinent sur le sol. Le ciel est tout bleu et là-haut, tout là-haut, les alouettes gazouillent leur petit chant délicieux.

C'est une matinée parfaite.

Les cigognes les ont vus de loin. Forcément, car leur nid, coincé tout en haut du fronton de l'église, leur donne une vue panoramique !

Un cigogneau arrive à tire d'ailes, très fier de sa mission.

— *Bonjour Madame, j'étais à peine né lorsque vous êtes passée, l'année dernière. Ma mère vous prie de venir lui rendre visite. Elle ne peut pas bouger à cause de la dernière couvée.*

— *Allons-y tout de suite ! Dit Ulké, joyeuse.*

Ce n'est pas une mince affaire que de hisser Pietre tout en haut du beffroi. Tout le monde s'y met. Pietre n'ose pas regarder en bas. Il a le vertige.

Après un tel effort, ils décident de passer la nuit là-haut. Pietre s'est attaché à la grosse cloche : il a peur de bouger dans son sommeil et de tomber tout en bas ! Les trois autres, qui ne souffrent pas de vertige, trouvent cela très drôle !

Étape 13 : des FAUBOURGS DE BURGOS à BURGOS

Ils sont maintenant tout près de Burgos.

— *Je vais vous montrer la plus belle vue de la cathédrale, dit Ulké. C'est par-derrière, en la surplombant de haut, que vous verrez la beauté de ses flèches !*

Ils sont très impressionnés.

— *Elle est immense !*

— *Elle est en gothique flamboyant. Sa construction fut commencée en 1221 par Ferdinand III de Castille. Elle est tellement grande qu'elle ne contient pas moins de quinze chapelles !*

Prise d'une envie subite, Ulké s'est envolée tout en haut de la plus haute tour et leur décrit ce qu'elle voit.

— *C'est merveilleux, je voudrais que vous puissiez être avec moi.*

— *Non, merci, sans façons ! Lui répond Pietre. Je préfère t'écouter que de me retrouver perché en équilibre sur une pointe piquante ; ce n'est pas mon idée du confort !*

— *Je vois le Rio Arlanzon, bordé de ses magnifiques jardins publics, je vois la Puerta Santa Maria de l'autre côté du Rio, l'église San Lesme, plus loin, le monastère de Las Huelgas, et puis, tout au fond du parc, l'Hospital Del Rey et la petite chapelle de San Amaro.*

— *Descends vite, Ulké, je meurs d'impatience de visiter la cathédrale !*

Ils en font le tour, descendent d'innombrables escaliers, en remontent d'autres, et se trouvent enfin devant la magnifique Puerta Del Sermental, décorée de quatre apôtres entourant un beau Christ en majesté sur le tympan. Ils entrent et restent sans voix.

— *Quelle profusion de sculptures et de détails !* Finit par dire Pietre.

— *Je ne sais plus où regarder*, gémit Jules César, *la tête me tourne.*

— *Faisons le tour tout doucement, nous terminerons par la chapelle du Santo Christo.*

Ils arrivent devant le transept.

— *Voici le tombeau du Cid Campeador !*

— *Le Cid ? Qui est-ce ?*

— *En arabe, le Cid se dit aussi : "As sid", ce qui veut dire "Le seigneur", et en espagnol, El Campéador. Ce héros national s'appelait en réalité Rodrigo de Bivar, mais on lui attribua ce nom de légende très tôt, car dès l'âge de 22 ans le roi de Castille Sancho II l'avait nommé commandant des troupes royales. Il est né en 1043 et est mort en 1099. Sa vie fut très mouvementée. Il commença par battre les Maures pour le compte du roi de Castille, puis à la mort de celui-ci, n'aimant pas le nouveau roi Alfonso VII, il alla offrir ses services au roi Al Mu'tamin, son adversaire du temps de Sancho II. Al Mu'tamin fut très heureux d'avoir ce valeureux guerrier et son épée Tizona à son service contre les roi chrétiens. Comme le Cid continuait à gagner toutes les batailles, le nouveau roi de Castille se décida à lui pardonner et le rappela auprès de lui. Mais décidément ils ne s'aimaient pas : le Cid retourna chez les Maures mais cette fois sans combattre la Castille, sa vraie patrie.*

Après avoir admiré la tombe, ils vont à la chapelle du Santo Christo.

— *Mon Dieu ! Laisse échapper Amadéo, ce Christ a l'air plus vrai que nature. Regardez comme il a l'air de souffrir !*

— *C'est terrible quand même, ce dont les hommes sont capables !*

Ils restent un long moment sans parler, intimidés, puis Pietre se penche vers Ulké et lui dit :

— *Je ne comprends pas. On nous donne toujours les hommes en exemple, mais ils sont capables d'une telle cruauté !*

— *C'est vrai*, dit Amadéo.

— *Regardez ce qu'ils ont fait à Pietre ! Ou à Jules César ! L'arracher à sa famille, c'est monstrueux !*

— *Mais vous n'avez rien compris*, dit Ulké. *C'est exactement pour cela que le Christ est venu — pour leur pardonner, et par son sacrifice, leur permettre de repartir... comment dire... du bon pied !*

— *Je pense alors*, dit la petite souris, *que tous les hommes devraient au moins une fois dans leur vie "faire" le Camino du bon pied. Cela leur permettrait de réfléchir un peu plus aux conséquences de leurs actes.*

— *Mais c'est peut-être pour cela que le Camino existe depuis tant de siècles !*

En sortant de la cathédrale, Ils passent sous l' Arc De Santa Maria. Pietre veut y monter pour visiter le musée, mais Ulké lui dit qu' il faut maintenant aller au refugio, tout au bout des jardins publics, de l' autre côté du Rio.

Sous les beaux platanes taillés de façon à procurer une ombre bienfaisante, les gens sont très animés, des enfants courent dans tous les sens, des étudiants, par petits groupes, discutent et rient bruyamment, les mamans promènent fièrement leur dernier bébé, tout enrubanné. C' est charmant !

Ils longent le Rio Arlanzon, dont l' eau est si claire que l' on voit les truites qui se pourchassent.

— *C' est joli, ces petits cailloux qui brillent au soleil, et ces longues algues vertes, cela me donne envie de me baigner.*

— *Pas le temps, dit avec regret Ulké, nous devons aller au refugio pour faire apposer le "sello" sur nos crédenciales et avoir une place pour dormir.*

Au refugio, ils sont accueillis par Jacqueline, une française qui vit depuis si longtemps en Espagne qu' elle y a fondé une grande famille. Jésus, le gardien du refugio, est là aussi ; l' un et l' autre ne savent que faire pour aider et conseiller nos pèlerins.

— *Vous avez de la chance, le refugio n' est pas plein. Je peux donc vous permettre d' y rester demain, pour que vous puissiez mieux visiter notre belle ville de Burgos.*

Elle leur parle de la Casa Del Cordon.

— *C' est dans cette maison que le roi Ferdinand II et la reine Isabelle I la Catholique reçurent Cristobal Colon au retour de son second voyage.*

— *Celui que nous appelons Christophe Colomb ? Et qui a découvert l' Amérique ?*

— *Lui-même. Il était né de parents juifs espagnols en 1451 à Gênes, en Italie. Son père était tisserand. Cristobal partit très jeune, à quatorze ans, sur les bateaux. Il fut même pirate pour le Comte d' Anjou. C' était un véritable métier. Au cours de ses voyages, il entendit les histoires sur les "terres inconnues" de Paolo Toscanelli, un géographe de ce temps. Dès lors il n' eut plus qu' une idée en tête : découvrir lui-même la route des "Indes" par la voie maritime de l' ouest. Il alla voir le roi du Portugal puis, comme celui-ci, hésitant à investir de l' argent dans l' aventure, ne se décidait pas, il supplia le roi Ferdinand et la reine Isabelle de lui donner les moyens de partir et de faire ce voyage de découverte pour leur compte. Le roi et la reine lui donnèrent 1000 maravédis, sur les fonds de la Santa Hermandad. Cristobal compléta la somme de 500 maravédis et il eut ainsi trois vaisseaux. Le navire amiral, qui s' appelait la Marie Galante, fut rebaptisé pour l' occasion la Santa Maria. Les autres navires s' appelaient La Nina et La Pinta. Cristobal Colon fit quatre voyages et découvrit beaucoup d' îles dans les Caraïbes qui, en vertu d' une bulle papale, devinrent possessions espagnoles. Très bon navigateur, Christophe Colomb était un exécrable administrateur. Il fit tellement d' erreurs dans ces nouvelles terres qu' il finit par fâcher le roi et la reine, et c' est à fond de cale, les fers aux pieds, qu' il revint de son dernier voyage. Le roi et la reine finirent cependant par lui pardonner, car c' était grâce à son obstination que l' on avait découvert le Nouveau Monde, qui allait apporter tant de richesses au royaume d' Espagne. Christophe Colomb mourut dans la misère, oublié de tous, en 1056, un an après la reine Isabelle, sa bienfaitrice.*

— *Nous n' avons pas de cuisine au refugio, dit Jacqueline. Mais allez à l' auberge qui se trouve au fond du parc. Dites au patron que vous êtes pèlerins et que vous venez de ma part.*

Le patron-cuisinier, un homme jovial et tout rond, les reçut à bras ouverts.

— *Entrez ! Entrez ! Asseyez-vous, les pèlerins sont toujours les bienvenus.*

Après un délicieux dîner, ils reviennent au refugio où les attend Jésus, le gardien.

— *Demain, café au lait dans mon garage, puis je vous conseille d' aller à la messe au monastère cistercien de Las Huelgas. Ma sœur y est nonne. Vous verrez les nonnes chantent divinement bien le chant grégorien.*

Ils suivent les conseils de Jésus et entrent dans la partie de l' église réservée au public. A travers les grilles qui les séparent des nonnes, ils aperçoivent les magnifiques tombeaux d' Alfonso VIII et d' Éléonor Plantagenet, qui reposent sur de gros lions tristes. Alfonso n' avait que quinze ans et sa reine neuf lorsqu' ils se marièrent. Ils moururent la même année, 1214, après 44 ans de mariage.

Au-dessus de leurs têtes, un Christ en croix a été représenté beaucoup plus grand que les hommes qui l'entourent, pour mieux signifier sa filiation avec Dieu le Père.

Les nonnes avancent, tout de blanc vêtues, les mains cachées dans leurs grandes manches, un voile noir sur la tête. La messe commence. Le chant grégorien mélodieux des nonnes transporte nos quatre amis dans un autre monde.

— *Je me suis cru au paradis ! Dit Jules César en sortant.*
— *La musique était si belle, c'était tellement calme et pur, que j'ai eu envie de rester avec elles,* confesse Pietre.

Lorsque les nonnes se sont retirées dans leur quartier fermé, ils visitent le monastère, qui fut tout d'abord un palais, construit par Alfonso VIII pour venir s'y reposer de la chaleur torride des plaines d'Espagne. Sa femme Éléonor, fille d'Henri II Plantagenet et d'Aliénor d'Aquitaine, reine de France puis d'Angleterre, lui demanda de lui faire construire un monastère pour les jeunes filles nobles. La mère supérieure était toujours de sang royal. Elle avait pouvoir de vie et de mort sur ses "sujets". La mère d'Éléonor, la duchesse d'Aquitaine, avait été une femme remarquable. Sa culture et son amour pour les arts étaient immenses. Elle avait toujours encouragé les arts. Éléonor fut sûrement influencée par sa mère, car son monastère de Las Huelgas renferme bien des trésors !

Ils passent dans un cloître gothique du treizième siècle, où par endroits ils peuvent admirer au plafond de fascinantes arabesques de style Mudejar. Puis ils passent dans un cloître plus exigu avec, au fond, une petite chapelle romane du douzième siècle.

— *Regardez ce Saint-Jacques, ses bras sont articulés. Il servait au sacre des rois de Castille. Ferdinand III trouvait en effet indigne de demander ce service à de simples hommes. La statue de Saint-Jacques, avec son symbole, était tout indiquée.*

Ils pénètrent ensuite dans de vastes salles où sont exposés une profusion d'armes, de joyaux, de vêtements brodés de superbes dessins géométriques, de bêtes aussi fabuleuses que celles des chapiteaux romans. Toutes ces reliques ont appartenu à la famille royale de Castille.

— *Regardez ce chapeau, comme il est beau, tout en perles, aux armes du roi, avec ses châteaux et ses lions !*

— *Il devait avoir fière allure en le portant.*

— *Et cette robe immense. La dame qui la portait devait être bien grande !*

Ulké leur dit :

— *Je suis sûre qu'il y a encore beaucoup de jolies choses à voir, mais il ne faut pas oublier le Camino. Nous devons reprendre la route.*

En suivant les flèches jaunes qui indiquent le Camino, ils passent devant l'Hospital Del Rey et demeurent un moment, admiratifs devant une très vieille porte de bois sombre.

— *C'est du bois d'ébène rapporté du Nouveau Monde du temps de l'Empereur Charles-Quint qui régna de 1516 à 1556. Il fit construire cet hôpital pour les pèlerins. Ceux-ci y trouvaient soins, nourriture et parfois, même des habits lorsqu'ils étaient trop misérablement vêtus.*

Sculptés sur la porte, de pauvres pèlerins, marchent à moitié nus, épuisés, morts de faim. Une mère avec son nourrisson, un père tenant un jeune enfant, Saint-Jacques lui-même, tout courbé sur son bâton.

— *Cela fait drôle de voir des pèlerins de cette époque, ils avaient bien besoin de l'hôpital !*

— *Oui, les conditions étaient extrêmement dures, c'est pour cela qu'il y a tant d'hôpitaux sur le Camino. Il y en avait trente-cinq à Burgos même !*

Étape 14 : de BURGOS à HORNILLO DEL CAMINO

Ils repartent, très contents de laisser la ville derrière eux.

— *C'était magnifique, mais j'aime encore mieux le Camino et la nature, dit Amadéo.*

— *Nous sommes au début de la Meseta, c'est un plateau à 900 mètres d'altitude. Mais la nature aussi peut être cruelle : en 1673, un prêtre italien, Laffi, trouva sur son chemin un pèlerin, à demi mort, dévoré par un nuage de sauterelles. Il eut juste le temps de lui donner l'extrême-onction avant de l'enterrer.*

— *Brrr ! Tu me fais froid dans le dos, avec tes histoires, dit Pietre. Je grelotterais presque dans cette chaleur !*

Ils marchent à la queue leu leu, sur un petit sentier bordé d'herbes folles et de fleurs sauvages. Tout à coup, Jules César s'arrête :

— *On voit bien que la terre est ronde ! La ligne d'horizon dessine un énorme cercle autour de nous. Nous sommes au centre du monde, conclut Jules César très content de lui.*

Ils arrivent, mourant de soif, à Hornillo del Camino.

Sur place, un coq de pierre perché tout en haut d'une curieuse petite fontaine étale sa queue faite de plumes multicolores.

— *Comme il est drôle !*

— *C'est pour rappeler la légende d'un vilain pèlerin, que pourtant les villageois avaient reçu très gentiment, et qui, en partant, essaya de leur voler un coq. Les villageois s'en rendirent compte, et après avoir récupéré le coq, chassèrent le pèlerin hors du village.*

— *Cela ne devait pas être un vrai pèlerin, mais un de ces voleurs dont tu nous as parlé, disent-ils tous les trois, très choqués.*

Ils restent dans le refugio tout neuf et retrouvent d'autres pèlerins avec lesquels ils font un très bon dîner.

Étape 15 : de HORNILLO DEL CAMINO à CASTROJERIZ

Le soleil est toujours au rendez-vous lorsqu'ils repartent de bon matin. En fin de matinée ils traversent le Rio Garbanzuelo et trouvent les ruines du couvent de San Anton dont les moines, dit-on, guérissaient du "Feu de Saint-Antoine", une maladie très fréquente à cette époque et qui ressemblait beaucoup à la lèpre. Les moines allaient chercher les malades en jouant de la flûte et leur imposaient le "Tau", une croix en forme de T qu'ils portaient sur leurs habits. Ils recueillaient aussi les pèlerins.

Ils continuent vers Castrojeriz. Tout le long du Camino, des flèches jaunes peintes sur des maisons, des pierres, des troncs d'arbres, indiquent la direction à prendre.

— *Je vous avais bien dit qu'il était difficile de se perdre sur le Camino*, fait remarquer Ulké.

Ils aperçoivent maintenant Castrojeriz, tout petit, perché en haut d'une montagne.

— *C'est dur*, grogne Jules César, *en fin de journée, de monter si haut ! J'ai mal aux pattes.*

— *C'est justement parce que c'est d'un accès difficile que le Goth Sigeric choisit en 760 d'y construire son château fort. Il voyait arriver ses ennemis de très loin et avait ainsi le temps de se préparer à les recevoir.*

À l'entrée de la ville, ils visitent une belle église romano-gothique de Notre-Dame-du-Pommier, fondée en 1214 par Dona Berengula, qui dort maintenant à Las Huelgas, avec Éléonor. Le roi Alphonse X, dit "Le sage", écrivit des cantiques sur les miracles de la Vierge au pommier.

Après avoir apposé le "sello" sur leurs crédenciales, un moine leur montre le beau tableau du Santiago Pelerin, du Bronzino. Ils voient aussi le tombeau d'une autre reine, Dona Leonor, reine d'Aragon.

— *Ulké, je n'en peux plus, allons au refugio !* Implore Jules César.

Un couple d'hospitaleros espagnols les reçoit très gentiment.

— *Les garçons en haut, les filles en bas !* Dit Carmen.

— *Oh ! S'il vous plaît ! Nous avons l'habitude d'être ensemble depuis le début du Camino !*

Elle les regarde, un peu étonnée par leur allure et par leur résistance à ses ordres. Après un court instant de réflexion, elle leur dit :

— *Bon, je vois bien que vous n'êtes pas des pèlerins ordinaires. Vous pouvez rester ensemble.*

Ils sont réveillés par la bonne odeur du pain grillé que les hospitaleros préparent pour les pèlerins et que les Espagnols arrosent généreusement d'huile d'olive sous le regard dégoûté des mangeurs de confiture.

— *À chacun ses coutumes*, remarque Pietre, philosophe.

Étape 16 : de CASTROJERIZ à FROMISTA

Par la fenêtre du refugio, ils ont pu voir le chemin à parcourir jusqu' à la montagne suivante. Le reste est caché, a expliqué Juan, l' hospitalero. Buen viaje !

Ils partent d' un bon pas. La matinée est délicieuse. Ils ont très chaud car la pente est rude, mais le fond de l' air est frais.

Ils arrivent à la frontière des provinces de Burgos et de Palencia, ancienne frontière des royaumes de Castille et de Léon. Le pont de Fitero sur le Rio Pisuerga sépare deux villages : l' un, Itero de Castillo, dernier village castillant, l' autre, Itero de la Vega, premier village Léonais. Ce très grand pont à onze arches romanes fut construit par Alfonso VI au douzième siècle. Au Moyen-Age, il y avait aussi à cet endroit un important hôpital, fondé par l' abbé Ramon de Fitero, qui bien qu' abbé n' en était pas moins un preux chevalier : aidé de deux mille hommes, il défendit la forteresse de Calatrava contre les Maures.

Ils repartent vers Boadilla del Camino. L' église de Santa Maria est fermée mais ils peuvent admirer le Rollo Gotico sculpté d' une jolie rangée de coquilles Saint-Jacques.

— *On voit des coquilles partout sur le chemin,* remarque Amadéo.

— *C' est le signe du Camino.*

— *C' est drôle, même isolé sur la Mesata, on a l' impression bizarre que l' on n' est pas vraiment tout seul. Que des milliers de pèlerins invisibles vous accompagnent.*

— *C'est la magie du Camino, dit Ulké. C'est cela que je voulais vous faire connaître.*

Après avoir longé le canal de Castille, ils arrivent à Fromista où l'église San Martin les comble de bonheur.

— *Vraiment, pardonnez-moi si je me répète, dit Pietre, mais j'adore les églises romanes. Cette simplicité et en même temps cette richesse dans la sculpture, cette fantaisie et cette naïveté : j'adore !*

— *San Martin a été fondé en 1066 par Dona Mayor de Navarra. Regardez toutes ces têtes d'animaux sous les tuiles rondes, c'est magnifique !*

À l'intérieur, l'église est encore plus jolie si possible, avec ses chapiteaux sculptés, et dans le chœur nu, un simple Christ en croix, entouré de deux belles statues en bois doré.

Ulké s'en va d'un coup d'ailes parler aux pigeons. Il était temps ! Du haut du toit elle voit débouler toute une compagnie de cyclistes danois.

— *Vite ! Au refugio, si nous voulons avoir de la place pour la nuit.*

Étape 17 : de FROMISTA à CARRION DE LOS CONDES

Ils se lèvent tôt. Les pèlerins danois avaient sûrement bu trop de "vino tinto de Valdepenas" car ils ont ronflé toute la nuit ! C' est paupières gonflées et jambes molles qu' ils reprennent le Camino.

— *C' est bien agréable de se retrouver tous les quatre loin de cette foule*, soupire Ulké.

Ils marchent quelque temps sans problème.

— *Je commence à avoir faim !* Dit soudain Pietre.

— *Moi aussi !* Renchérit Jules César.

— *Moi, j' ai soif !*

— *Encore un petit effort !* Dit Ulké. *Nous sommes presque à Villalcazar de Sirga. Tenez, on aperçoit déjà cette énorme église forteresse construite par les Templiers de Santa Maria La Blanca. Elle renferme beaucoup de trésors, dont un magnifique retable peint qui retrace toute la vie du Christ.*

— *Amadéo, toujours sensible aux couleurs, reste en admiration devant le retable tandis que les autres découvrent les remarquables tombeaux de Don Felipe et Dona Leonor son épouse.*

— *Celui-là aussi est immense !* Remarque Jules César.

— *Don Felipe mesurait presque deux mètres.*

— *Je ne croirai plus les gens qui disent que les Espagnols sont petits !*

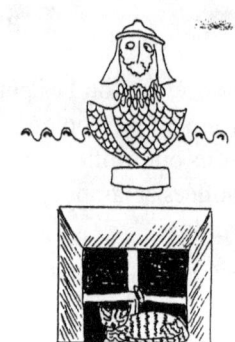

En sortant de l'église, ils se rendent à l'auberge, juste en face, où on leur proposa une "soupe quart d'heure à l'ail" avec un verre de vin de Valdepenas.

— *Je ne suis pas mécontent d'y goûter aussi, dit Pietre qui a pris goût au vino tinto.*

— *Oui, mais n'en buvons pas plus d'un verre, recommande Ulké, prudente. Nous sommes encore loin de Carrion de los Condes où nous devons coucher ce soir.*

— *Le Camino n'est pas très beau ici ! Se plaint Amadéo. Tout droit, toujours tout droit, dans cette plaine poussiéreuse. Nous avions tort de nous plaindre quand nous escaladions le plateau : au moins le paysage changeait !*

— *Le Camino ressemble à la vie : chaque jour quelque chose de différent !*

— *Vivement demain, alors ! Renchérit la petite souris.*

— *Ce soir nous serons à Carrion de los Condes. C'est une très jolie ville.*

Du refugio de Carrion de los Condes, qui jouxte l'église Santa Maria, une porte mène directement les pèlerins de leur dortoir à l'église.

— *Pratique, souligne Amadéo, par temps de pluie.*

Ils ressortent du refugio pour aller admirer le Christ Pancreator de l'église Santiago, bâtie en 1106.

— *C'est une des merveilles du onzième siècle. Regardez comme les plis de la robe du Christ sont légers : on dirait qu'ils vont se soulever au moindre souffle de vent !*

— *Ce sont les symboles des apôtres autour de lui qui sont très beaux !*

— *C'est bien dommage qu'il ne reste plus que ce portail : le reste de l'église a brûlé en 1809.*

Ils vont ensuite admirer la belle fontaine du couvent de Santa Clara, qu'une grille protège.

— *Il y a beaucoup de choses superbes à voir dans ce couvent, mais nous devons aller nous coucher, la sœur du curé serait bien capable de fermer la porte du refugio !*

Elle est là, à les attendre avec de gros "bocadillos de queso" qui font le bonheur de Jules César, mais pas celui de Pietre.

— *C'est bien sec ! Dit-il. Ne pourrait-on pas avoir une petite goutte de vino tinto ?*

La sœur du curé pousse un petit gloussement indigné, leur montre le robinet d'eau froide

— *"Vous êtes des pèlerins, pas des touristes !" Dit-elle.*

— *On voit bien que ce n'est pas elle qui marche toute la journée dans le vent et la poussière, grommelle Pietre tout bas de peur qu'elle n'entende.*

Le lendemain matin, ils passent devant l'église de Santa Maria del Camino, pour revoir les scènes du portail.

— — *Ce sont toujours ces fameuses vierges données en tribut au cruel calife maure. On dit que cela se passait à Carrion. C'est pour cela qu'elles sont représentées ici.*

Étape 18 : de CARRION DE LOS CONDES à SAHAGUN

En sortant de la ville, ils longent un monastère.

— *Ce monastère, San Zoilo, abrite les tombeaux des infants de Carrion. On raconte que la famille Beni-Gomez était une rivale de celle du Cid. Celui-ci leur accorda pourtant la main de ses deux filles. Mais les infants attachèrent les demoiselles à un arbre, les dépouillèrent et les abandonnèrent.*

— *Gredins !* Gronde le chien.

Le Cid, fou furieux, se vengea immédiatement. Par la suite ses filles épousèrent les princes de Navarra et d'Aragon. Il y a un très beau cloître platéresque à l'intérieur. Carrion était une ville très importante à l'époque. Beaucoup de rois y ont habité : Alfonso III, Fernando I, Alfonso VII, Fernando III, Sancho IV, Alfonso XI. C'est sur son territoire que se déroula la guerre fratricide entre Sancho II de Castille et Alfonso VI de Léon.

Ils traversent d'immenses étendues où les champs de blé se suivent à perte de vue.

— *Cet endroit s'appelle la Meseta del Plan. On comprend facilement pourquoi !*

Les épis dorés ondulent sous le vent de plus en plus violent.

— *On dirait des vagues sur la mer,* dit Amadéo le poète.

Jules César n'est pas du tout de son avis. Il est furieux :

— *Voilà que ce maudit vent recommence ! Je ne peux plus avancer !".*

— *Nous allons nous arrêter pour pique-niquer à l'abri de ces grosses meules de paille.*

Ils s'installent commodément; C'est bizarre, malgré le soleil, il fait froid.

— *C'est le vent ! Le pique-nique paraît encore meilleur quand le Camino est dur,* soupire Jules César en mordant dans un bout de chorizo.

— *Maintenant que nous sommes bien reposés, Sahagun nous appelle,* dit Ulké en se relevant. *En route, compagnons !*

Ils repartent gaiement, le vent a un peu faiblit, mais maintenant de gros nuages gris s'amoncellent au-dessus de leurs têtes. Ulké regarde le ciel avec appréhension. Elle connaît bien les éléments.

— *Je n'aime pas cela du tout. Dépêchons-nous !*

Ils ont beau forcer l'allure, ils n'échappent pas à la grosse averse qui s'abat sur eux avec une violence inouïe.

— *Ah ! Maintenant c'est le comble !* Fulmine Jules César. *Je ne peux plus avancer du tout. J'ai mes deux pattes engluées dans la glaise. Au secours ! Ne m'abandonnez pas !* Hurle-t-il de sa petite voix.

— *Allons sur le macadam de la route, ce sera plus facile.*

Sahagun se dessine au loin.

— *Pas trop tôt !* Dit Pietre, claquant des dents, une grosse goutte de pluie au bout du nez. *J'ai vraiment froid !*

— *Pour vous faire oublier le froid, je vais vous raconter une jolie légende. Nous allons traverser un pont qui enjambe la rivière Cea. On raconte que lorsque Charlemagne combattait le géant musulman Aigolando, toutes les lances des guerriers chrétiens qui l'accompagnaient se transformèrent en bâtons, prirent racine et fleurirent dans la nuit. On prétend que les beaux peupliers qui poussent dans le lit de la rivière, maintenant très asséchée sont les restes de cette belle histoire.*

Ils arrivèrent enfin dans la ville. Mais impossible de trouver le refugio. Ils sont trempés. Enfin une brave femme a pitié d'eux, ouvre son parapluie et les y conduit.

— *Gracias, muchas gracias !*
— *De nada ! De nada !*

Ils sont accueillis par un père de mauvaise humeur, qui leur montre leurs lits du doigt, sans parler ni sourire.

— *Voilà un accueil peu chaleureux ! Soupire Pietre, claquant toujours des dents. Je me demande si j'arriverai jamais à me réchauffer !*

— *Fais comme nous, mets-toi sous les couvertures,* disent Amadéo et Jules César.

Ulké est la seule que la pluie ne gêne pas.

— *Je vais chercher un petit restaurant en ville. Réchauffez-vous. Je viendrai vous chercher.*

À ce moment précis, ils entendent un hurlement strident :

— *Aaahhhh ! ! ! Au secours ! ! ! ! Aahhh ! ! !*

— *Qu'est-ce que cela peut bien être ?* Se demandent-ils inquiets.

Ce n'est qu'une pauvre "peregrine" qui vient de recevoir une douche d'eau froide et inattendue en tirant la chasse d'eau des WC.

— *La pauvre, elle qui avait échappé à la pluie, la voilà trempée comme une soupe !*

La pauvre petite peregrine, grelottante, est presque en larmes.

— *Venez dîner avec nous,* lui propose Ulké pour la consoler.

En allant dîner, ils admirent rapidement l'église de San Tirso, du douzième siècle, de style Mudejar.

— *Mudejar ?*

— *Ce sont les artisans arabes qui ont mis leurs connaissances et leur savoir-faire au service des églises chrétiennes. Cela donne ces églises au style très particulier..*

— C'est pour cela qu'elles sont en briques rouges ?
— Non, tout simplement, il n'y avait pas de pierres dans le pays. Sahagun a été une ville très importante. Dès 904, un premier monastère y était créé pour recueillir les moines de Cordoba fuyant l'oppression musulmane. En 1080, le roi Alfonso VI demanda à l'ordre de Cluny, à l'époque très puissant, tant par ses grandes richesses que par son rayonnement intellectuel, de réformer le monastère existant. Saint-Bernard d'Aquitaine, confesseur du roi Alfonso, fit si bien son travail qu'il y eut plus de cinquante monastères dans la région, dépendants de Cluny. Les gens des environs parlaient très bien le français à cette époque.
— Tenez, voici une jolie petite auberge qui fait le "Menu du pèlerin". Tout à fait ce qu'il nous faut !

La jeune fille en pleurs s'est consolée. Elle est tout heureuse d'avoir trouvé des amis pour la soirée. Elle marche depuis si longtemps toute seule ! Elle vient d'Allemagne de l'Est, cela fait déjà trois longs mois qu'elle est partie.

Pendant le dîner, Ulké continue à raconter l'histoire.
— À Sahagun, au treizième siècle, il y eut de grands hommes : San Juan de Sahagun, le Saint-Patron de Salamanque, Frère Pedro Ponce de Léon, qui le premier, inventa une méthode pour apprendre aux sourds-muets à parler et à écrire, puis en 1530, Frère Bernardino qui, se trouvant dans le Nouveau-Monde, fut horrifié par l'effet dévastateur de la colonisation. Il essaya de préserver toutes les connaissances de la civilisation Aztèque en écrivant un livre en aztèque, espagnol et latin, sur la civilisation précolombienne !
— Voilà un homme consciencieux, travailleur et obstiné, souligne Pietre.
— Oui, et en plus il fit des dessins des anciens dieux aztèques, de la flore et de la faune de la Nueva Espana !
— Ils rentrent se coucher, tous réchauffés par une bonne soupe brûlante : la "Olla podrida".

Étape 19 : de SAHAGUN à EL BURGO RANERO

La pluie a cessé.

Le ciel est bleu, avec des nuages blancs, très hauts. La journée est facile, le Camino pas fatigant. Ils arrivent en très bonne forme, le soir, à Burgo Ranero. Une fois le "sello" apposé sur leurs crédenciales, ils s'installent dans le magnifique refugio.

— *Ce n'est pas comme hier soir, remarque Pietre. Les charpentes et les poutres du toit sont magnifiques. Quelle bonne idée de les laisser apparentes ! On peut juger le travail extraordinaire des charpentiers. De vieilles maisons rénovées comme cela, c'est merveilleux !*

Ils ont tous les quatre le nez en l'air. Ils ne se lassent pas de regarder.

— *Et puis, ils ont fait de petites chambres séparées. Quel luxe !*

Dans le grand salon, le gros livre des pèlerins que l'on trouve dans chaque refugio est ouvert sur une belle table. Chacun y laisse son nom et son adresse avec la date de son passage, plus une pensée ou une réflexion…

Tout à coup, Pietre s'esclaffe :

— *Écoutez ceci : c'est un pèlerin espagnol qui demande pardon à Saint-Jacques et à tous les saints, pour les milliers de jurons et de blasphèmes qu'il a prononcés contre le vent ces deux derniers jours ! Cela doit être l'homme que nous avons croisé près de Najera, ajoute-t-il en riant.*

— *Et là, on nous donne l'adresse d'un bon restaurant : "Chez Mercedes". Cela tombe drôlement bien, j'ai une faim de loup.*

Il est vrai que Mercedes est une bonne cuisinière ! Elle aussi, a un gros livre dans lequel les pèlerins écrivent leurs pensées après le dîner. Amadéo devient poète en parlant de la truite grillée au "jamon". Pietre et Ulké ne tarissent pas d'éloges sur les "alubias con callos". Quant à Jules César, évidemment, il a son petit mot à écrire sur le "queso".

Étape 20 : d' EL BURGO RANERO à SAN MIGUEL DE ESCALADA

La marche du matin est longue et monotone. Le Camino est rectiligne avec de petits arbres "chigrenus" plantés tous les dix mètres. —Il en faudra des années et des années avant qu' ils ne puissent donner de l' ombre ! Maugrée Jules César qui a trop chaud.

Au loin, un berger et son troupeau en transhumance, viennent à leur rencontre. Ils s' arrêtent pour lui parler

— *Vous ne vous ennuyez pas, tout seul avec vos brebis le long de ce chemin si monotone ?*

— *Bof ! J' ai l' habitude, et puis justement je ne suis pas seul, j' ai mon chien ; c' est mon compagnon depuis si longtemps que je pourrais lui laisser le troupeau ; il saurait le mener à bon port.*

Ils admirent son bâton de berger terminé par une spirale régulière.

— *Comment avez-vous pu faire cela ?*

— *Il ressemble à une crosse d' évêque !*

— *Secret de berger, dit-il moqueur. Allez, il faut que je vous quitte, les brebis ont hâte de trouver les verts pâturages des montagnes.*

— *Ah ! Ça je comprends, dit Jules César. Moi aussi j' ai hâte de quitter cette morne plaine.*

—*Un peu de patience ! Dit Ulké. Nous serons bientôt à Mansilla de las Mulas.*

Ils arrivent en effet près des murailles médiévales. La rivière Esla coule non loin. Ils entrent dans la ville et pique-niquent sur la grande place aux arcades de bois. Ulké leur dit :

—*Nous avons le choix : ou nous restons ici pour la nuit, je sais que le refugio est tout neuf, nous y serons très confortables, ou nous allons un peu plus loin, dans un coin sauvage et isolé, avec des herbes sèches comme matelas et le ciel et ses étoiles pour couverture.*

—*On reste ici ; nous avons déjà marche toute la journée !* Proteste Jules César.

—*Non, non,* s'indignent les deux autres. *Si Ulké nous le propose, c'est que cela en vaut la peine.*

Jules César traîne les talons. Il est furieux. Comme si le Camino n'était pas assez long comme cela ! Murmure-t-il tout bas de peur qu'Ulké ne l'entende. Lorsqu'ils arrivent à San Miguel de Escalada, la beauté du site les ravit. Jules César bat des mains.

—*Oh, Ulké ! Tu es agaçante, tu as toujours raison ! Cet endroit est merveilleux. Cela aurait été tellement dommage de le manquer !*

—*Je savais bien que cela vous plairait.*

Ils s'installent commodément, des boccadillos à la main et écoutent Ulké.

—*Cette église fut construite en 913, et son style s'appelle Mozarabe. C'est le contraire des églises de Sahagun. C'est-à-dire que ce sont les chrétiens vivant sous la domination musulmane qui ont été très influencés par le style arabe des mosquées et palais musulmans. Ils s'en sont inspirés et c'est ce qui a donné ce style Mozarabe si particulier.*

—*C'est bien joli !*

Ayant terminé son frugal repas et bu de l'eau à la gourde, Pietre remarque :-

—*Cela plairait bien à la sœur du curé de Carrion de los Condes. Nous sommes comme les pèlerins du Moyen-Age ; nous buvons l'eau de la rivière et couchons à la belle étoile !*

Étape 21 : de SAN MIGUEL DE ESCALADA à LEON

— *Aujourd'hui, annonce Ulké, nous quittons la province de Palencia pour entrer dans celle du Leon.*

Ils aperçoivent la ville de Leon de très, très loin.

— *C'est étrange, quand on a dormi dans la campagne si tranquille, de se retrouver sur l'asphalte avec le trafic bruyant et nauséabond des voitures !*

Les faubourgs leur paraissent interminables.

— *Nous n'arriveront donc jamais, la ville n'a pas l'air de se rapprocher, dit la petite souris découragée.*

— *Je vais vous raconter l'histoire de la ville de Leon pour vous faire passer le temps. Leon est une des plus vieilles villes que nous allons visiter. Son nom vient du latin "legionis". En effet, en l'an 70, c'était le camp de la septième légion romaine Gemina. Au troisième siècle, un centurion, Marcello, qui devint saint, y fut martyrisé pour sa foi chrétienne avec sa femme et ses fils. Puis les musulmans arrivèrent et "Légionis" fut dévastée. En 510, elle fut reconquise et devint la capitale du royaume de Ordono II. Enfin, au treizième siècle, elle fut rattachée au royaume de Castille par mariage.*

Tout en écoutant, ils sont arrivés au pont Castro, sur le Rio Torio.

— *Regardez, des coquilles Saint-Jacques en cuivre sont incrustées sur les trottoirs !*

Nous approchons du but. Nous sommes bien sur le Camino. Dit Amadéo ravi.

— *Allons tout de suite à la cathédrale ! Toi, Pietre qui aimes tellement l'art roman, tu me diras ce que tu en penses.*

Ils restent sans voix devant la splendeur, l'élégance et la finesse de ce grand vaisseau de pierre.

— *Tous ces vitraux ! Ces couleurs ! C'est fantastique !*

Le soleil joue dans les morceaux de verre colorés. Ses dessins scintillants se répercutent sur les gros piliers et sur les dalles.

— *Il y a mille huit cents mètres carrés de vitraux dans cette cathédrale. C'est vraiment une merveille de l'art gothique.*

— *Je suis bien obligé d'admettre que le gothique aussi a du bon, dit Pietre qui est resté muet d'admiration. Cette pureté des lignes ! Ce sens de l'espace ! De la lumière ! Quelle légèreté ! qu...*

Ulké rit :

— *Je vais faire tourner Pietre en bourrique ! Suivez-moi !*

Elle les emmène à l'église San Isidoro. Lorsqu'ils arrivent dans la crypte, une fois de plus ils restent béats d'admiration, le nez en l'air pour regarder tous les détails des merveilleuses fresques romanes qui couvrent entièrement les voûtes de ce panthéon royal.

— *Je ne sais plus où j'en suis, admet Pietre. Nous allons de splendeurs en splendeurs. Quelle ville ! Regardez ces petits hommes qui font le travail de la terre !*

— *Oui, c'est selon les saisons.*

— *Là, ce sont les moissons, c'est le mois de juillet, dit Jules César très excité. Et là, ce sont les vendanges : septembre. Oh ! Et regardez ceux-là, comme ils ont l'air tranquille, assis près d'un feu avec du pain et du vin.*

— *C'est le fruit du travail de l'année : ils peuvent se reposer en décembre.*

— *Ils me donnent faim*, dit Pietre.

— *Eh bien, propose Ulké, allons visiter le Parador San Marcos. Il a été construit sur l'emplacement d'un ancien hôpital, celui des chevaliers de Saint-Jacques, par le roi Ferdinand le Catholique en 1513, à l'époque du style platéresque. Mais le plus important pour nous est que ce Parador soit un hôpital pour pèlerins.*

— *Comme à Santo Domingo de la Cazalda ?*

— *Oui.*

— *Alors, peut-être vont-ils respecter la tradition ?*

— *On peut toujours espérer, dit Ulké. Il faut essayer.*

À la réception de l'hôtel, ils ne sont pas vraiment bien reçus.

— *Vous avez une drôle d'allure !* Dit le concierge qui ne veut pas les laisser entrer.

Mais des touristes américains, japonais, australiens, brésiliens, enfin de toutes les parties du monde, se groupent autour d'eux pour prendre des photos.

— *Merveilleux, merveilleux, disent-ils dans toutes les langues.*

— *Concierge, faites les entrer, nous paierons tout.*

C'est alors un beau moment de fraternité humaine. Un moine qui se trouve là par hasard dit en latin : Ubi caritas et amore, deus ibi est !

— *Qu'est-ce qu'il a dit ? Demande Jules César.*

— *Avec ton nom, tu devrais comprendre le latin ! Cela veut dire : Quand il y a amour et charité, Dieu est présent !*

— *C'est beau !*

Ils profitent au maximum du luxe du parador. Amadéo qui a bien changé, disparaît dans un bain de mousse dans lequel il a carrément mis deux doses. Pietre furète dans le petit réfrigérateur en se demandant quelle boisson il va choisir. Jules César zappe d'un programme de télévision à un autre. Ulké, quant à elle, apprécie grandement la couette de fin duvet.

Bonne qualité ! Dit-elle en connaisseuse. *Je comprends que les hommes en raffolent !*

Le lendemain matin ils prennent un petit déjeuner "monstre", et discrètement, Jules César emplit son sac de toutes les brioches, petits pains aux raisins, churros, pots de miel et bouts de fromage qu'ils n'ont pas pu manger. Cela nous fera un merveilleux pique-nique, pense-t-il.

Étape 22 : de LEON à HOSPITAL DE ORBIGO

La télévision, les journaux locaux, les touristes, tout le monde est là sur le parvis du Parador pour leur souhaiter "buen viaje".

— *Ce n'est pas désagréable d'être une vedette, constate Jules César tout gonflé d'importance.*
— *Fais attention de ne pas attraper la, grosse tête, se moque Amadéo. Je vois déjà les titres des journaux : Un souriceau pèlerin obligé de s'arrêter en chemin, tout près de Santiago, sa tête pesant un poids insoutenable !*

Jules César est tout déconfit.

— *Ce n'est pas ma tête qui pèse lourd, c'est ce sac sur mon épaule.*
— *On peut dire que tu es prudent, tu n'avais pas besoin de t'encombrer de tout cela, nous avons toujours trouvé ce qu'il nous fallait en chemin !*

Ayant franchi le Rio Bernesga, ils continuent leur route jusqu'au village appelé La Virgin del Camino.

— *Ce village a une histoire... commence Ulké.*
— *La légende raconte qu'un homme de Leon, captif des Maures, demandait tous les soirs dans ses prières, en cadeau d'anniversaire, sa libération à la Virgin del Camino. Le jour dit, son maître musulman, incrédule mais prudent, fit enchaîner le captif et le fit mettre dans un coffre, sur lequel il s'assit et s'endormit. Il fut réveillé par le son des cloches qui célébraient le retour en terre chrétienne du captif, miraculeusement transporté. Comme preuve du miracle, l'homme reconnaissant donna ses chaînes en ex-voto à la Virgin del Camino.*

Tout en écoutant Ulké, ils arrivent à Villadongo del Paramo.

— *C'est ici qu'en 1111, la reine Urraca de Leon y Castille et son mari Alfonso VI de Navarra y Aragon se livrèrent bataille !*
— *Une femme contre son mari ?*
— *Eh oui ! Chacun à la tête de sa propre armée. La reine, qui n'aimait pas son mari, combattait pour son fils. Leur guerre dura 20 ans !*
— *Ils avaient de la suite dans les idées, remarque Pietre.*
— *Oui, je vous reparlerai d'ailleurs d'Urraca, car c'était une femme de caractère.*

Ils marchent maintenant sur un plateau à huit cents mètres d'altitude.

— *Amairy Picaud disait qu'ici c'était un vrai désert. Regardez maintenant toutes ces plantations ! C'est tout le contraire d'un désert !*
— *Mais comment se fait-il ?*
— *C'est grâce à l'irrigation. L'eau vient du Rio Luna et va dans tous ces petits canaux, comme celui que nous suivons.*
— *Depuis que tu nous a parlé de désert, j'ai soif !*
— *Et faim !*
— *Entrons un peu à l'intérieur des cultures, nous y pique-niquerons des trésors de Jules César.*

Ils s'arrêtent près d'un héron cendré.
— *Pardon Monsieur. Cela ne vous dérange pas si nous restons ici ?*
— *Je vous en prie, faites, dit le héron. C'est un coin charmant et je suis fort honoré de votre présence. Ne m'en veuillez pas si je reste silencieux, je médite.*

Ils avalent leur déjeuner en vitesse car la présence muette du héron les intimide. Ils n'osent pas plaisanter comme d'habitude en face de ce grand penseur !

Ils repartent vers Orbigo.
— *Vous allez voir un pont énorme sur la rivière Orbigo. Il mesure deux cent quatre mètres et a vingt arches ! C'est un pont très célèbre. Il s'appelle le Paso Honroso de Armas et lui aussi a une histoire !*
— *Oh, raconte !*
— *En 1434, Don Suero de Quinones, qui aimait passionnément Dona Eleonor de Tovar, voulut attirer son attention. Avec neuf chevaliers leonais de ses amis, il lança le défi à tous les chevaliers d'Europe qu'ils ne pourraient franchir le pont. Le tournoi dura un mois. On rompit trois cents lances et il y eut un mort. Les vainqueurs allèrent déposer un collier d'or en offrande à Saint-Jacques. Ce collier est toujours à Compostela de nos jours. Vingt-quatre ans plus tard, Don Suero fut tué à son tour par l'un des chevaliers qu'il avait vaincu sur le pont.*
— *Et la dame ?*
— *Malheureusement, on ne sait pas si la dame tomba amoureuse de lui !*

Ils dînent dans une auberge en regardant le pont rêveusement.
— *C'est fou comme les choses sont différentes quand on connaît leur histoire ! Ce pont n'est plus un pont, c'est "Le" pont !*

Ils font apposer le "sello" sur leurs crédenciales et, malgré la beauté du refugio, ils choisissent d'aller coucher...sous le pont !
— *J'espère que le fantôme du chevalier mort ne sera pas là !* Dit Jules César en frissonnant.
— *Moi, j'aimerais bien voir le fantôme de Dona Eleonor, je lui demanderais si oui ou non elle a succombé aux charmes de Don Suero !*

— *Pourquoi ? Cela te donne des idées ?* Dit Pietre en riant.
— *Oui, je te défie demain matin sur le pont, il faudra me marcher sur le corps pour passer !*
— *Dormons, dit Ulké, demain nous allons à Astorga. C'est une ville qui a d'extraordinaires murailles romaines.*

Étape 23 : de HOSPITAL DE ORBIGO à ASTORGA

La marche du matin est agréable : il fait beau, les vignobles sont réapparus, le raisin est mûr. Dans chaque vigne, on peut voir toute une famille à l'ouvrage.

Les vieilles femmes sont à l'ombre, préparant un bon déjeuner pour les vendangeurs. En les voyant passer, une grand-mère les appelle :

— *Holà, peregrinos ! Por aqui, venez ici que je vous donne de belles grappes de raisin.*

Les vendangeurs, curieux, quittent leur travail et viennent les regarder de plus près.

— *Les pèlerins sont toujours les bienvenus, dit le père de famille après les avoir observés un moment. Nous ne sommes pas très riches, mais si vous voulez partager notre repas, ce sera de bon cœur !*

Dans le ruisseau, les bouteilles de l'an passé sont au frais. Des saucisses grillent sur le feu de sarments, libérant une odeur délicieuse, des pommes de terre des champs cuisent sous la cendre. Tout le monde s'installe. La conversation est animée, chaque vendangeur a quelqu'un de sa famille quelque part dans un pays d'Europe. Ils connaissent des mots dans toutes les langues et tout le monde s'amuse à les prononcer.

Jules César, encouragé, débite son petit vocabulaire espagnol :

— *Me llamo Julio Cesar, y mi gusta mucho el queso !*

Il a beaucoup de succès ! La grand-mère lui donne une grande tranche de fromage.

— *Merci, mais je n'ai vraiment plus faim !* Dit-il avec regret.

— *Je vois que tu as un sac, mets-le donc dedans ! Tu le mangeras plus tard.*

— *Ah, le sac de Jules César !* Dit Pietre qui le porte bien souvent en fin de journée car la petite souris est épuisée. *Que deviendrions-nous sans le sac de Jules César !*

Enfin, il faut repartir. Tout le monde s'embrasse. On promet de se donner des nouvelles.

— *Et n'oubliez pas, priez pour nous à Compostelle !*

Les flèches de la cathédrale d'Astorga se voient de loin. Astorga est une ville encore plus ancienne que Leon, elle appartient à la protohistoire.

— *Mon Dieu ! Qu'est-ce que cela veut dire ?*

— *Cela se dit d'une époque très reculée de l'histoire, sur laquelle on a très peu, et même parfois aucun document, mais seulement des preuves archéologiques que certains peuples vivaient à cet endroit là.*

— *Oh là là, c'est compliqué !*

— *Mais non, pas du tout. Ici, à Astorga, les habitants protohistoriques étaient des Astures et des Amacos. Les Romains, lorsqu'ils les envahirent, appelèrent Astorga : "L'Asturica Augusta". C'était un endroit très important pour les Romains, à la croisée des chemins du Nord et du Sud : la voie Traiana qui venait de Bordeaux et la voie De La Plata qui venait du Sud. Ce sont les Romains qui construisirent ces grandes murailles que vous voyez là.*

— *C'est incroyable ! On dirait qu'elles sont toutes neuves !*

— *Oui, les Romains étaient si bons constructeurs que l'on trouve des preuves de leur passage dans toute l'Europe, même en Afrique et ailleurs !*

Ils passent devant l'Hôtel de Ville au moment où la cloche de l'horloge se met à sonner. Les deux petits mannequins Maragates, armés de gros marteaux, s'en donnent à cœur joie.

— *Comme ils sont jolis !*

— *Oui, ils portent le costume régional Maragato. Tout le monde se dispute sur leurs origines : certains les disent Berbères, d'autres que ce sont simplement des Astures qui, résistant aux multiples envahisseurs, ont su conserver leurs traditions.*

— *Oh ! J'espère que ce sont des résistants Astures, cela me rappelle Astérix le Gaulois,* dit Pietre en riant.
— *Un peuple Maragato vit encore dans les environs,* ajoute Ulké.

Ils continuent leur route vers la cathédrale gothique bâtie en 1471. Ils en admirent le beau porche de styles Baroque et Renaissance avec son Saint Jacques habillé en pèlerin.

— *Moi, ce que je préfère dans cette église,* dit Amadéo le nez en l'air, *c'est ce petit bonhomme tout là-haut. On dirait qu'il porte un étendard ?*
— *Oui, c'est la statue de Pero Mato, un héros de la bataille de Clavijo. Il paraît qu'un morceau de l'étendard de la bataille est conservé à l'Hôtel de Ville.*

En sortant de la cathédrale ils se dirigent vers le Palais Gaudi.

— *Ah çà ! Je n'en crois pas mes yeux !*
— *Qu'est-ce que c'est ? Ce n'est ni Gothique, ni Roman.*
— *Tu as raison. C'est de l'Art Moderne ou Néogothique.*
— *C'est le très célèbre architecte Catalan Gaudi qui a construit ce palais en 1889 pour l'Archevêque d'Astorga.*
— *C'est fou, on dirait un palais pour rire.*
— *Venez à l'intérieur, c'est encore plus extraordinaire.*

Amadéo admire une fois de plus le jeu du soleil à travers les vitraux.

— *Regardez tous ces escaliers en colimaçon, comme dans les donjons des châteaux forts. Comme c'est étrange, c'est une maison à moitié palais, à moitié église. Venez voir le musée du Camino dans les salles du bas, avec toutes ses statues de saints et de saintes, ses stèles jacobites, romaines aussi ! Mais il est temps d'aller au refugio pour y faire tamponner nos crédenciales.*

Le refugio est tenu par des moines hollandais qui ont une école non loin. Il n'est pas très propre ; pourtant un nombre impressionnant de petits garçons, armés de balais, s'activent en tous sens !

— *Les bons Pères hollandais ont inculqué le sens du devoir et de la charité chrétienne à leurs élèves, mais en oubliant le sens pratique. Ils balaient sans ramasser la poussière,* constate Pietre en éternuant.
— *La poussière vole, allons dehors nous reposer sous les murailles en attendant qu'ils aient fini le ménage.*

Étape 24 : de ASTORGA à RABANAL DEL CAMINO

La matinée est superbe, le ciel encore tout bleu. Ils partent de très grand matin, car ils quittent maintenant la Meseta pour aborder les "Montes de Leon".

— *Ah ! Cela change un peu, dit Jules César avec satisfaction.*

Ils traversent plusieurs villages en ruines.

— *Quel dommage, toutes ces maisons abandonnées !*

— *Oui, c'est triste ! Ce sont des villages Maragatos. Autrefois y vivaient des muletiers très riches car ils avaient beaucoup de travail. Maintenant, avec les routes et les camions, plus personne ne fait appel à eux. Ils sont devenus pauvres et sont obligés d'aller chercher du travail en ville.*

Ils continuent à grimper dans la montagne.

— *Je suis toujours heureux d'avoir quitté la Meseta, mais je serais bien content d'arriver, dit Jules César, tout essoufflé. Ça grimpe !*

— *Nous y sommes presque, je vois l'église et le nid d'une de mes amies.*

Après une longue conversation avec son amie cigogne, Ulké revient et dit :

— *Allons vite au refugio, il est tout refait de neuf ; il paraît que c'est splendide. En effet, la confrérie de Saint-James a bien fait les choses.*

— *Pourquoi Saint-James ?*

— *Saint-James veut dire Saint-Jacques en anglais.*

L'hospitalero qui les reçoit est un ancien commandant de la marine anglaise.

— *En rang ! Un par un ! Ordonne-t-il lorsqu'ils présentent leurs crédenciales. Lisez ce document, c'est le "Règlement" et vous devez le respecter ! Ensuite, vous pourrez monter dans les dortoirs. On ferme les lumières à dix heures : c'est le règlement !*

— *Pfuit ! Murmure Pietre, il est peut-être beau le refugio anglais, mais je n'y resterai pas plus longtemps que strictement nécessaire !*

— *Allons à l'auberge du village, dit Ulké en riant, mais...gardons-nous de le dire au commandant ! Si par malheur c'était contraire au règlement !*

L' auberge de Rabanal del Camino est merveilleuse. Tout le village est là. Les uns jouent aux cartes, certains suivent avec passion la dernière partie de football sur un poste de télévision, à côté, sur un autre poste, d' autres tout aussi passionnés hurlent des olé à chacune des passes d' un valeureux torero. Dans la cuisine, le cuisinier cultive le bel canto de sa belle voix de basse, aidé par un petit poste de radio qui diffuse Carmen. Au bar enfin, les plus vieux se racontent les dernières bêtises des plus jeunes.

Dans cette heureuse cacophonie, un très bon dîner leur est servi. Ils rentrent au refugio. Le commandant les attend, montre en main :

— *Dix heures dix ! Dit-il, vous avez exactement dix minutes avant l' extinction des feux.*
— *C' est le règlement !* Interrompt Pietre avec insolence.
— *Parfaitement. Demain, lever à six heures. C' est le règlement !*
— *Les douches sont froides !* Se plaint Jules César.
— *C' est sans doute pour que les pèlerins n' oublient pas leur condition et que cela leur forme le caractère !* Dit Pietre en soupirant.
— *Le lendemain, alors que le jour est à peine levé, le commandant fait irruption dans les dortoirs en allumant toutes les lumières.*
— *Allez, debout ! Vous avez dix minutes pour vous lever !*

Le petit déjeuner est presque prêt. Tous les pèlerins, habitués à être choyés par les hospitaleros, sont très étonnés. En effet, pour devenir hospitalero, il faut avoir fait le Camino soi-même, ce qui donne en général beaucoup de compréhension envers les pèlerins. Malgré tout, le petit déjeuner sent très bon : café, chocolat, pain grillé à profusion, et quand le commandant leur dit : "Allez laver vos bols et vos assiettes, c' est le règlement !". Ils obtempèrent en pouffant de rire.

Étape 25 : de RABANAL DEL CAMINO à MOLINASECA

Ils partent de si bonne heure que les montagnes sont encore tout enveloppées de brume matinale. Les sommets les plus éloignés forment une ligne bleue à l'horizon tandis que les monts les plus proches se détachent en une palette de verts de toutes les nuances imaginables. Les cloches de troupeaux de vachettes couleur de miel résonnent dans les pâturages. Tout le long du sentier, des buissons de baies sauvages bordent le Camino : c'est le bonheur !

— *Merci, Monsieur le Commandant, de nous avoir sortis du lit à l'aurore, claironne Jules César. Tout compte fait, ces vertus militaires ne sont pas toutes détestables !*

Ils traversent un village en ruine. Désolation et tristesse de ces maisons presqu' entièrement détruites ! Une boîte-à-lettres jaune jette une note de couleur incongrue dans ce lieu désert.

— *Qui peut bien se servir de cette boîte-à-lettres ? À part les chiens errants et des poules redevenues sauvages, je ne vois personne dans les environs.*

— *Eh bien ! Tu te trompes.*

En effet, un peu plus loin sur la route, un troupeau d'oies caquettent. Elles les invitent à se rendre au minuscule refugio qu' un ancien pèlerin a créé dans ce coin perdu de montagne. Transporté par la beauté du paysage, il s'est arrêté là. Pour lui, l'aventure du Camino était terminée. Jamais il ne connaîtrait Santiago. Mais, pour rester en quelque sorte fidèle à son idéal, il secourt, surtout en hiver, les autres pèlerins qui passent par là.

Ils pénètrent dans une espèce de capharnaüm. Il y a là des milliers de cartes postales, de documents sur le Camino, de coquilles Saint-Jacques, de morceaux de partitions de musique, de vieilles boîtes de conserves vides, d'assiettes, de meubles branlants, mais aussi, et c'est le plus important, une cafetière qui chante sur le feu, accompagnée d'un divin chant grégorien.

L'hospitalero barbu et chevelu qui les accueille est membre de l'Ordre des Templiers. Il leur sert une tasse de café brûlant. L'hiver, dit-il, est très dur car la neige est toujours abondante et le vent glacial très dangereux pour les pèlerins égarés.

Ils repartent.

— *Tu imagines la tête du commandant devant un pareil désordre ?*

— *Il ne trouverait pas cela très réglementaire !* Pouffe Pietre.

Le Camino monte de plus en plus durement.

— *On monte, on monte, c'est dur !*

— *Nous allons arriver à la Cruz de Ferro à 1490 mètres d'altitude,* dit Ulké. *Ramassez un caillou, que nous déposerons au pied du mont Joie : c'est une vieille tradition.*

Ayant déposé leurs pierres sur le mont Joie, ils restent un moment pour admirer les rangées de montagnes.

— *C'est ici le point le plus élevé du Camino. Nous allons redescendre vers le village d'El Acebo. Il est riche, car dans les temps anciens, ses habitants ne payaient pas d'impôts. En contrepartie, ils devaient planter de grands piquets dans la neige, le long des routes, pour aider les pèlerins à ne pas se perdre.*

Ils cheminent maintenant dans une campagne merveilleuse. Avec leurs toits d'ardoises inégales et leurs balcons de bois croulant sous les fleurs, les villages sont paisibles. Des ruisseaux qui chantent çà et là rappellent le gazouillis des alouettes là-haut dans le ciel.

— *Quelle jolie musique !* Murmure Pietre. *C'est encore plus beau que le chant grégorien.*

— *Savez-vous ce que l'on dit ? Que les moines qui ont "inventé" le chant grégorien n'ont fait que transcrire en musique le chant du vent dans les montagnes et celui des oiseaux dans le ciel. C'est un chant inspiré par la nature, c'est pour cela qu'il est si pur et si apaisant.*

Le Camino serpente maintenant au flanc d'un coteau couvert d'arbustes.

— *Mmm ! Que cela sent bon !*

— *Ce sont ces fruits et ces feuilles poisseuses qui répandent cette odeur délicieuse : on dirait de l'encens.*

Ils sont là, tous les quatre, à renifler à qui mieux mieux.

— *Oh ! Cela colle aux pattes !* Dit Amadéo qui en a cueilli une branche.

Un vieux berger qui passait par là leur dit :

— *On en fait des tisanes pour rendre les hommes forts.*

— *Je ne sais pas s'il en a bu ; en tout cas, il n'a plus une seule dent !* Remarque Pietre. *Et puis, peut-être que cela rend les hommes forts, mais cette odeur entêtante me saoule !*

Ils continuent leur descente et arrivent à Molinaseca.

— *J' avais dit que je vous reparlerais de la reine Urraca. Eh bien, voici sa maison, de l' autre côté de ce pont romain sur le Rio Meruelo. J' ai une surprise pour vous ; venez, allons sur le pont.*

Ils crient de plaisir. Un peu en contrebas, une piscine a été aménagée dans la rivière. Tous les enfants du village se trouvent là.

— *Nous allons voir si Amadéo se souvient de sa leçon de natation !*

Lorsque les enfants les aperçoivent, c' est le délire. Amadéo, bien aise de montrer qu' il ne craint personne, fait des bonds et des plongeons qui resteront dans la mémoire émerveillée des habitants de Molinaseca.

— *Ce bain m' a creusé l' appétit ! Attendez-moi, je vais essayer de trouver quelque chose à manger avant le dîner,* dit Jules César qui, ayant fouillé son sac, l' a trouvé désespérément vide.

Il revient, triomphant, avec un grand carton à gâteaux.

— *C' est formidable ! Crie-t-il de loin. La dame qui m' a offert ces gâteaux a vécu vingt ans à Paris, dans la rue derrière chez moi. Elle nous a donné une grande tarte aux poires "à la Parisienne", a-t-elle dit. Elle a refusé d' accepter quoi que ce soit, elle a simplement dit : "Priez pour moi à Compostelle !".*

— *Elle est rudement bonne, sa tarte !* Dit Pietre en se léchant les babines.

Avec son grand corps maigre, il a tout le temps faim.

Ils traversent la longue rue principale. Des fumées étranges s' échappent des sombres ouvertures des maisons. Des hommes et des femmes en sortent subrepticement. De grandes quantités de raisins y disparaissent.

— *Mais que font-ils ?* Demande Amadéo.

— *Si on te le demande, dis que tu ne le sais pas !* Conseille Ulké.

Ils arrivent enfin au bout de la ville, où se trouve le petit refugio, tout moderne, avec un adorable hospitalero, Juan, un étudiant qui, comme beaucoup de ses camarades, consacre trois semaines de ses vacances au service du Camino. Le refugio est plein de pèlerins de tous pays. Juan propose de faire un énorme plat de spaghettis. Gédéon et Andréas, deux jeunes étudiants suisses-allemands, qui ont parcouru à pied tout le chemin depuis la porte de leur maison zurichoise, sont très contents de l' aider. Heureusement, il reste de la tarte aux poires pour le dessert !

— *Sehr gut, sehr gut, la pâtisserie française !*

Étape 26 : de MOLINASECA à VILLA FRANCA DEL BIERZO

Pour le petit déjeuner, Juan insiste pour que tout le monde prenne des gousses d' ail, une ancienne tradition jacobite, dit-il sévère, aux pèlerins qui tenteraient de.... faire l' impasse. Ses yeux rient.

— *Après mes gousses d' ail, je vous donne tout ce que vous voudrez : des croissants bien mœlleux, des brioches. Mais il faut d' abord manger mon ail. Je ne prendrai pas la responsabilité de laisser partir "mes" pèlerins, dans ce monde, non protégés contre les milliers de microbes qui les attendent à tous les tournants !*

Juan est étudiant en médecine !

Il pleut à verse. Juan distribue des sacs poubelles en plastique comme protection contre la pluie et les pèlerins se transforment en astronautes. L' un d' eux enferme même ses chaussures dans de petits sacs.

Nos quatre amis refusent cette protection.

— *Je suis trop petit*, dit Jules César.
— *Je ne crains pas l' eau*, ajoute même Amadéo.

Ils partent et arrivent sans histoires dans les faubourgs de Ponferrada. La pluie a cessé. Ils sont presque secs, lorsqu' un camion qui les dépasse à tout allure, les asperge de la tête aux pieds.

— *Ah ! La vache ! S' exclame Jules César à moitié suffoqué par la violence du jet.*
— *Quelle brute ! Fulmine Amadéo.*
— *Ça me dégouline de partout. Ah ! Ce n' est pas un muletier Maragato qui nous aurait fait cela !*
— *Allons dans un café nous débarrasser de toute cette boue et prendre un bon chocolat*, propose Ulké. *Ensuite, nous irons visiter Ponferrada. Cette ville s' appelle ainsi, car dès le douzième siècle, elle eut un pont en fer. C' est l' évêque d' Astorga, Osmond, qui l' avait fait construire ; une révolution inouïe au Moyen-Age où tous les ponts étaient en pierre ou même, plus simplement encore, en bois.*

Ils arrivent près d' un pont médiéval, à arches romanes, sur le Rio Boeza.

— *Ce pont n' est pas différent des autres ! S' étonne Pietre.*
— *Celui-ci, oui ; c' est lorsque nous quitterons Ponferrada et que nous traverserons le Rio Sil, que nous passerons sur le célèbre pont de fer ! En attendant, allons visiter le château fort des Templiers. Le roi Fernando II de Leon leur avait confié la ville en les chargeant de combattre les Maures et de protéger les pèlerins.*

La taille du château fort les laisse médusés.

— *Ah ça, c' est du sérieux ! Toutes ces tours, ces créneaux, ces mâchicoulis, c' est impressionnant !*
— *J' imagine les chevaliers en armures, entrant à cheval, l' étendard fièrement levé, au son des trompettes. Quel spectacle !*
— *Oui, les chevaliers sont restés presque deux cent trente ans. Mais ils devinrent si puissants que les rois, prenant peur, les expulsèrent de presque tous les pays. Ce fut la même chose en France, où le roi Philippe le Bel fit même excommunier ces braves chevaliers qui l' avaient pourtant si bien servi et s' empara de leur immense fortune qu' il convoitait.*

Ils quittent la ville sans visiter la belle église de Nuestra Senora de la Encima car la route est encore longue jusqu' à Villa Franca del Bierzo. C' est avec plaisir qu' ils traversent les vignobles du Bierzo.

— *Il ne faudra pas quitter la province du Bierzo sans goûter son vin, dit Pietre très sérieusement.*

Ils s' arrêtent à Cacabelos, et au grand plaisir de Pietre, goûtent un verre de vin :

— *Pour comparer avec celui de la Rioja, dit-il…*

— *Je sens qu'après Compostela, tu feras un pèlerinage à la cathédrale de Reims pour comparer les champagnes et leurs petites bulles !*

Ulké est repartie soucieuse ; les palmes de ses pieds recommencent à gonfler.

— *Heureusement que cela arrive à cette étape, dit-elle, car c'est une chance, l'hospitalero que nous allons rencontrer, Jésus Rato, est un brin sorcier. Il va sûrement me soigner avec ses herbes aussi bien qu'à l'hôpital.*

En arrivant à Villa Franca del Bierzo, ils passent devant la porte d"'El Perdon".

— *Au Moyen-Age, dit Ulké qui marche en boitillant, j'aurais pu m'arrêter ici, car lorsqu'on était très malade, il suffisait de franchir cette porte pour que le pèlerinage soit considéré comme terminé. Mais moi, ajoute-t-elle fièrement, je ne la franchirais pas ! El Senor Rato va me guérir et nous pourrons continuer.*

Le refugio de la famille Rato est bien étrange : immense, fait de vieilles toiles de tentes militaires, des matelas et des lits métalliques posés un peu partout. Les toiles de tentes relevées par endroits forment des fenêtres naturelles, grands trous béants à travers lesquels on aperçoit le magnifique château des Marquis. Bâti en 1490, il perdit ses tours pendant la guerre contre Napoléon.

— *Je ne vous en ai pas encore parlé, mais Napoléon et ses troupes ont fait beaucoup de dégâts en Espagne. Ce sont les Anglais qui ont aidé les Espagnols à les chasser hors du pays.*

La famille Rato a installé des plaques solaires pour l'eau chaude.

— *C'est formidable ! Il y a tout le confort ! Des douches chaudes dans un endroit pareil ! Vu de l'extérieur, je ne l'aurais pas cru !*

— *Vive le soleil et l'écologie !*

Le soir, dans la grande salle à manger, c'est la fête. Comme par magie, les pèlerins qui commencent à bien se connaître, se retrouvent tous là. Venant de plusieurs continents, ils apprécient leurs différences et baragouinent tant bien que mal les uns avec les autres. Ils sont assis autour de la grande table. Dans une grande marmite, Jésus Rato fait chauffer une boisson mystérieuse. Il éteint les lumières ; des flammes bleues s'échappent de la marmite ; Jésus murmure des paroles étranges. Tous ceux qui comprennent l'espagnol éclatent de rire.

— *C'est sûr, j'apprendrai l'espagnol, dit Jules César, vexé de n'avoir rien compris.*

Mais la bonne humeur est contagieuse. Il rit avec les autres.

Enfin, Jésus remplit à la louche un verre de son breuvage qui doit faire le tour de la table en passant de main en main et retourner cérémonieusement dans une bouteille. "Nous faisons cela depuis quatorze ans, c'est une tradition." Il reprend la louche pour distribuer le reste de la marmite aux pèlerins subjugués; chacun trinque avec son voisin.

— *Je ne sais pas ce que c'est, mais c'est rudement bon ! Dit Pietre. J'en reprendrais bien !*

Puis Jésus Rato examine les pieds d'Ulké et lui met des compresses aux herbes cueillies à l'aube, dans la rosée matinale, les jours où la lune décroît.

— *Avec ces compresses et ma boisson, tu vas dormir comme un bébé, et demain, tu auras des pieds tout neufs, parole de sorcier ! Dit-il en riant.*

Et c'est vrai. Ils sont réveillés au son des chants grégoriens.

— *C'est plus agréable que le clairon du commandant, dit Amadéo qui apprécie la douceur.*

— *Venez prendre un bon petit déjeuner, dit Ulké qui danse sur ses pieds guéris. La journée va être rude ! Nous allons monter jusqu'à 1300 mètres d'altitude, jusqu'à la crête de la Cordillere Cantabrique, qui forme la frontière entre les provinces de Castilla y Leon et de laGalacia.*

Après de bruyants adieux, les pèlerins s'égaient par petits groupes dans la nature.

Étape 27 : de VILLAFRANCA DEL BIERZO à O CEBREIRO

Ils passent très rapidement devant l'église San Francisco, du treizième siècle, puis devant le couvent de la Anunciada, dans lequel se trouve le panthéon des marquis du château. Ils descendent la calle del Agua, une belle rue aux maisons armoriées, bordée de deux palais.

— *C'est bien dommage de passer si vite, mais le Camino est tellement dur aujourd'hui que nous ne pouvons pas nous arrêter !*

Au bout d'un moment, ils longent le Rio du Valcarcel, dépassant des villages immuables : des fermes bâties de pierres sèches aux toits de lauzes, ombragées de châtaigneraies plusieurs fois centenaires, qui ont l'air d'être là depuis la nuit des temps. Tout est calme et tranquille. Puis ils quittent la rivière et le Camino, tout rétréci et bordé de murets de pierres sèches, commence à grimper. Il faut se mettre à la queue leu leu. On avance avec difficultés. De gros rochers bouchent le chemin, des buissons sauvages poussent un peu partout, plus personne ne parle. Il faut regarder où l'on met les pieds.

Tout à coup, ils arrivent au sommet d'une crête ; et là, s'exclament, émerveillés :

— *Quelle vue !*
— *C'est splendide !*
— *Tous ces champs multicolores ! On dirait un tapis oriental !*
— *Regardez les vaches ! Elles ne sont pas plus grosses que des fourmis !*

Pietre regarde aussi. Et tout à coup il se sent très mal.

— *Voilà le vertige qui le reprendre veut plus regarder, ses pattes tremblent, il est tout vert.*

— *Oh, que je serai heureux quand nous serons arrivés, gémit-il. J'ai peur de tomber dans le vide !*

— *Tétanisé par le vertige, il ne peut plus bouger. Amadéo le prend par le bras et le guide tout doucement.*

— *Calme-toi, dit Ulké, nous sommes presque arrivés. J'aperçois le clocher de l'église.*

— *Tant mieux ! Je n'en peux plus ! Dit Pietre piteusement.*

Le minuscule village d'O Cebreiro les attend, perché tout en haut de la Cordillère Cantabrique à 1300 mètres d'altitude, frontière naturelle entre la "brune" Castilla y Leon et la "verte" Galicia d'influence celtique.

— *Oh ! Dit Pietre qui se sent beaucoup mieux à l'intérieur du village, il y a des huttes !*

— *Les toits sont en chaume !*

— *Ce sont des Pallozas, demeures préhistoriques des Celtes, qui ont traversé les siècles comme les coutumes Maragates. On en trouve sur la côte, jusqu'en Bretagne et en Cornouailles, autres pays d'influence celtique. Ce sont tous des pays côtiers que les vaillants marins celtes avaient envahis à bord de leurs fantastiques drakkars.*

— *Des huttes préhistoriques !*

— *Oui, il n'y a pas si longtemps, ces huttes servaient encore de maisons aux habitants du village !*

— *Ce soir, nous allons y dormir : elles servent maintenant de refugio. En attendant, allons visiter l'église. Elle est très ancienne, ses fondations datent du neuvième siècle. Alfonso VI confia le monastère aux moines de Cluny, comme à Sahagun, en 1702. L'église conserve le calice du Miracle.*

— *Quoi ! Encore un miracle ?*

On raconte qu'aux environs de l'an 1300, un jour de grande tempête, alors que tout avait disparu sous la neige, un berger du village de Barxamajor vint quand même assister à la messe. Le moine, qui était un mauvais moine, se moqua intérieurement de berger : "Faut-il être bête ! Faire ce voyage dans de telles conditions, pour un peu de pain et un peu de vin !".

Aussitôt, le pain et le vin se transformèrent en chair et en sang !

— *Mon dieu !*

— *Et qu'a fait le moine ?*

— *L'histoire ne le dit pas. Mais les reliques du miracle sont toujours conservées ici. En effet les Rois Catholiques, comme on appelait la reine Isabelle et le roi Ferdinand, passant par ici en 1486, furent si impressionnés par les Saintes Espèces, qu'ils firent fabriquer un reliquaire pour les conserver. La reine Isabelle voulut même faire emporter les reliques pour ne pas les laisser dans cette petite église perdue dans ces montagnes sauvages. Mais la mule qui devait les transporter, d'habitude très obéissante, refusa d'avancer. La reine pensa que c'était un signe. Les reliques restèrent donc à O Cebreiro. On peut encore voir le calice et le plat qui servirent au moine.*

Après avoir admiré la très belle Sainte Vierge et le calice, ils sortent pour se diriger vers les pallozas. Jules César est resté en arrière. Il se met à genoux devant la Sainte Vierge :

— *Belle Sainte Vierge, vous qui êtes la mère de tous les hommes, pourriez-vous aussi vous occuper d'une petite souris ? Voyez-vous, nous sommes presque arrivés à Santiago de Compostela. Ulké va rejoindre sa famille qui l'attend en Afrique. Mais nous, Amadéo, Pietre et moi, personne ne nous attend nulle part. Qu'allons nous devenir quand Ulké sera partie ? Ne pourriez-vous pas demander au bon Saint-François d'Assise, qui lui aussi a fait le pèlerinage, de s'occuper de nous ? Il paraît qu'il nous comprend très bien ! Je vous fais confiance pour lui parler de nous et je vous remercie d'avance !*

Et Jules César se relève pour rejoindre les autres.

Quand il pénètre à son tour à l'intérieur de la palloza, il distingue à peine Ulké et Pietre et ne voit pas du tout Amadéo.

— *Il fait noir comme dans un four !* Dit-il. Soudain, il sursaute.

— *Qu'est-ce que c'est que cela, à gauche, qui brille ?*

— *Ce sont mes yeux, idiot !* Dit Amadéo. *Tu sais bien que les yeux des chats brillent dans la nuit et voient dans le noir ! Tiens, viens ! Je vais t'installer sur cette banquette. Tu ne la vois pas, mais elle est là. Tu seras très bien pour dormir, et vous, suivez-moi !*

— *Mais, on ne peut pas te suivre si tu nous tournes le dos ! Tu es tout noir dans le noir !* Proteste Pietre.

Amadéo se retourne.

— *Allez, donnez-moi vos pattes, que je vous conduise. Là, vous serez très bien. Et moi, je vais là-haut, dans cette petite niche, elle est juste à ma taille !*

— *Que les hivers devaient être longs dans ces huttes !*

— *J'espère que les gens se racontaient des histoires, comme tu le fais Ulké, pour passer le temps !*

— *Sûrement des histoires de korrigans, de fées, de dragons ou de miracles comme celui-là même qui s'est passé ici. D'ailleurs, ce miracle a tellement impressionné Wagner, le grand compositeur allemand, qu'il s'en est inspiré pour son opéra Parsifal. Et maintenant, nous devrions essayer de dormir !*

— *C'est un peu dur, comme lit !* Grogne Pietre.

— *Voyons ! Penses à tous ces gens qui, de la préhistoire à nos jours, t'ont précédé et ont dormi ici ! Ils s'en sont bien accommodés. Tâche de faire de même !*

Étape 28 : de O CEBREIRO à SAMOS

Ils se lèvent de bon matin.

— *Ouille ! Ouille ! Aïe ! Rouspète Pietre, j'ai l'impression d'être tout rouillé, tu as beau dire Ulké, le confort moderne a du bon ! Ces banquettes de pierre sont très inconfortables !*

— *Eh bien moi, j'ai très bien dormi ! J'ai fait un rêve extraordinaire : j'ai combattu une souris préhistorique qui avait des ailes terribles, comme un dragon ! Je me suis battu comme un lion ! Ce fut un combat épique ! ! ! Croyez-moi !*

— *Tu ne penses pas qu'il s'agissait plutôt d'une chauve-souris, interrompt Amadéo. J'en ai vu hier soir à la tombée de la nuit.*

— *Oh !* Dit Jules César très déçu, *tu as peut-être raison.*

Ils descendent doucement mais régulièrement. La montagne est toujours aussi belle. Soudain, au tournant de la route, ils voient une très grande statue de bronze, représentant un pèlerin luttant contre le vent.

— *Regardez : il est habillé comme au Moyen-Age, avec sa pèlerine et son chapeau rond.*

Ils s'asseyent pour admirer le point de vue. Le vaste horizon est balayé par des rafales de vent.

— *Je comprends pourquoi l'artiste lui a fait tenir son chapeau à la main. J'ai du mal à rester debout !* Dit Jules César.

Ils continuent à descendre. Parfois le Camino serpente à travers des bois de châtaigniers si sombres que le soleil perce à peine. Des ruisselets apparaissent et disparaissent sous de grosses pierres moussues. Puis les forêts font place aux herbages. De petits murets encadrent les troupeaux de vaches qui se bousculent, pressées d'arriver à la ferme.

— *Arrêtons-nous là, propose Ulké. Nous sommes à Tricastella. Nous pouvons piqueniquer ici. Qu'as-tu dans ton sac, Jules César ?*

Ils cheminent encore un bon moment. L'après-midi est ensoleillée et le chemin, creux et ombragé, dévoile par moments des paysages extraordinaires.

Chic ! Regardez au fond de la vallée, les toits du monastère ! Nous sommes presque arrivés ! Samos est un monastère qui existe dès le septième siècle, mais il a très souvent été transformé. C'était un centre culturel très important, avec une merveilleuse bibliothèque. Malheureusement, en 1835, à cause de la "Loi de Desamortisation", on vendit des sacs et des sacs entiers de livres très rares et irremplaçables à des paysans qui ne savaient pas lire et qui s'en servirent pour allumer le feu !

— *Oh ! Dit Amadéo scandalisé. Il y avait des parchemins enluminés ?*
— *Très certainement : des quantités de chefs-d'œuvre !*
— *Et tout est parti en fumée ?*
— *Malheureusement oui. Et le pire, c'est que tout ce qui avait échappé à ce désastre finit par brûler dans un incendie en 1951.*
— *Quel malheur !*

À Samos, au Moyen-Age et jusqu'au dix-huitième siècle, les pèlerins pouvaient rester trois jours de suite et partager la vie des moines.

Après avoir visité le monastère, forcément très restauré, ils se retrouvent dans le cloître où une fontaine extraordinaire attire leurs regards.

— *Qu'est-ce que cela représente ? Demande Pietre intrigué. Des sirènes ?*
— *Ce sont des Néreides, d'après une légende, grecque cette fois-ci.*

Le dieu Nérée — qui représentait l'océan — épousa Doris — la mer. Ils eurent cinquante filles, les Néreides, mi-femmes, mi-poissons !

— *Elles ne sont pas très belles, dit Jules César, qui tourne autour d'elles. Elles seraient mieux au fond des océans !*

Dans le grand dortoir où ils entrent pour se coucher, ils retrouvent tous leurs amis de Villa Franca del Bierzo.

— *Quand nous sommes partis de Ronceveaux, nous n'étions que tous les quatre ! Dit Pietre avant de s'endormir. Et maintenant, nous avons plein d'amis. C'est formidable, ce Camino !*
— *Et des amis du monde entier ! Renchérit Ulké.*

Étape 29 : de SAMOS à PORTOMARIN

Ils marchent gaiement. Le ciel est redevenu tout bleu. Le Camino traverse sans arrêt des hameaux. Des vaches, derrière leur muret de granit, leur souhaitent "buen viaje". Des bouquets de bruyères et de genêts égaient le paysage. Chaque ferme possède de curieuses petites constructions posées sur de grosses pierres.

— *Qu'est-ce que c'est ?*

— *Ce sont des "horreos", des petits greniers où l'on fait sécher le maïs,* explique Ulké.

— *Et ils sont surélevés sur ces grosses pierres pour empêcher de vilaines souris comme toi de dévorer toute la récolte !* Dit Pietre en riant.

Ils traversent Sarria sans s'arrêter.

— *C'est ici qu'est mort le roi Alfonso IX de Castille, alors qu'il faisait le pèlerinage.*

Ils continuent en devisant. Soudain, après une descente un peu rude, ils arrivent devant une grande retenue d'eau.

— *Oh ! Un grand lac !*

— *Non, ce n'est pas un lac naturel. Cette grande retenue d'eau a été provoquée par un barrage sur le Rio Mino. Imaginez qu'un village est englouti au fond.*

— *Mon Dieu ! Et les habitants ?*

— *On leur a construit un nouveau village sur les hauteurs. On a même reconstruit pierre par pierre leur vieille église San Juan datant du treizième siècle, une église-forteresse des Frères de Saint-Jean de Jérusalem.*

Ils traversent le pont.

— *Allons voir de plus près. Je meurs de curiosité !*

— *Regardez*, dit Jules César, *d'ici on aperçoit les toits des vieilles maisons au fond du lac. C'est vraiment étrange. On dirait un village fantôme !*

— *Attention ! Si tu te penches comme cela tu vas rejoindre les fantômes !*

Après une grimpette, ils arrivent à l'église.

— Je n'arrive pas à y croire ! Dit Pietre en tournant autour de l'église. On a l'impression qu'elle est là depuis toujours !
— Ce fut un gros ouvrage, fait remarquer Ulké. Il a fallu numéroter toutes les pierres pour pouvoir la reconstruire.
— Quel travail ! — Cela en valait la peine. Il aurait été dommage que ces sculptures gisent au fond de l'eau ! Regardez ce Christ Pancreator, entouré des vingt-quatre vieillards de l'Apocalypse !
— Ils portent tous des instruments de musique !
— C'est certainement pour faire un beau concert le jour de la Résurrection !
— J'aimerais tellement jouer de la musique sur un bel instrument comme ceux-ci, dit Pietre en soupirant.
— Et moi, j'aimerais savoir sculpter comme cela, répond Jules César. Regardez cette Sainte Vierge, et l'ange, et ce petit arbre de pierre ! On a envie d'y grimper !
— Moi, ce que j'aimerais, c'est peindre avec de belles couleurs comme tous ces peintres de la Renaissance, ajoute Amadéo. Et toi, Ulké ?
— Il ne me reste plus que la danse, dit-elle en pouffant. Et ma taille, et mes pieds, ne sont pas des plus adaptés pour cet art magnifique. Non ! Non ! Moi, ce que je préfère, c'est parcourir le Monde, y rencontrer toutes sortes d'amis ! Aimer les gens !
— Allons faire tamponner nos crédenciales au refugio et dîner dans un bar.

Le petit bar est rempli de peregrinos. Il y a plein de choses délicieuses à manger. Amadéo, toujours friand de poisson, prend des poissons de mer à la "Gallego", Jules César et Ulké, la potée "Gallega". Pietre dit à son voisin belge, qui reste bouche-bée tant il est surpris :
— Je vous conseille "l'Empanada", la croûte de ce pâté est délicieuse ! Je m'en lèche les babines.

Étape 30 : de PORTOMARIN à VILAR DE DONAS

Ils retraversent la retenue de Belesar. Jules César, très excité, leur fait remarquer les restes d'un vieux pont qui affleurent à la surface.

— *Ce pont a été construit en 1120 par un certain Pedro Peregrino. Il serait bien étonné aujourd'hui de le voir sous l'eau.*

— *C'est vraiment étrange de penser que ce paysage n'est transformé de la sorte que depuis 1962 !*

— *Cela fait penser à une œuvre de Debussy, dit Pietre le mélomane : La Cathédrale Engloutie.*

— *Je vous avais dit que je vous reparlerais de la reine Urraca, reprend Ulké. Eh bien ! C'est ici, à Portomarin, qu'elle fit détruire un pont pour empêcher Alfonso VII de Navarra, son second mari, de pénétrer en Galicia, son territoire.*

Ils grimpent sur le coteau surplombant la rivière. Des vignes et des champs se succèdent, entourés de murets de granit sur lesquels une mousse brun-doré dessine d'étranges cartes géographiques.

Les vieilles fermes aux murs de pierres sèches, avec leurs toits de lauzes inégales, semblent être là depuis la nuit des temps. Une odeur de bouse de vache flotte dans l'atmosphère. De petits potagers, avec leurs tournesols en fleurs et leurs figuiers croulant sous les fruits, montrent à qui pourrait en douter, que les fermes silencieuses sont bien habitées.

— *Que ces figues ont l'air appétissant !* Dit Jules César, alléché.

— *N'y touche pas ! Les paysans d'ici sont très pauvres et toutes leurs récoltes sont importantes !*

À ce moment-là, un vieil homme portant un panier d'osier au bras les arrête :

— *Holà peregrinos !*

— *Holà Senor !*

— *Prenez ces figues, elles vous donneront de la force pour arriver à Santiago,* dit-il dans un large sourire édenté.

— *Gracias ! Muchas gracias ! Mais nous ne voulons pas vous en priver,* dit Jules César qui en meurt d'envie.

— *Nous aidons toujours les peregrinos : c'est la tradition, reprend le vieil homme. C'est aussi notre fierté.*

Ils prennent chacun une figue.

— *Muchisimas gracias, Senor !*

— *Buen viaje ! Priez pour moi à Compostela !*

— *Nous le ferons, c'est la tradition,* répond Ulké.

Ils continuent à zigzaguer dans une campagne maintenant déserte. Enfin ils aperçoivent Vilar de Donas.

— *Donas veut dire "nobles dames". Ce sont deux nobles femmes de la Galicia qui, au treizième siècle, firent construire cette église et un hôpital aujourd'hui disparu.*

— *Quel dommage qu'elle soit en aussi mauvais état ! Le porche est encore si beau !*

— *On a l'impression que l'église s'enfonce dans la terre.*

— *Avez-vous vu ce Saint-Jacques ? Il tient le "bourdon" d'une main et son épée de l'autre. C'est le "Santiago" et le "Matamoro" en une seule statue !*

Ils entrent.

— *Brrrr, qu'il fait froid ! Les fresques sont tout abîmées.*

— *C'est à cause de l'humidité. On reconnaît quand même les fresques des deux donas, celles qui ont fait construire l'église.*

— *Et ces tombeaux ?*

— *Ce sont ceux des Chevaliers de Saint-Jacques qui avaient toujours la même mission : bouter les Infidèles hors du pays et protéger les peregrinos de Santiago.*

Ils continuent à admirer tous les trésors en péril de la petite église.

— *Il fait vraiment trop froid ! Je sors,* dit Pietre en frissonnant. *Allons vers ces chênes, là-haut sur cette colline, nous y camperons ce soir.*

Au milieu des bois, près d'une belle maison Renaissance, des gitans sont installés.

— *Holà !*

— *Holà !*

— *Peregrinos ?*

— *Oui, nous allons à Santiago.*

— *Nous, nous remontons aux Saintes-Maries-de-la-Mer, dit une vieille gitane, pour la grande réunion des gens du voyage. Venez, si vous n'avez pas peur, vous installer avec nous !*

— *Pourquoi aurions-nous peur ? Demande Amadéo.*

— *Oh, c'est courant ! Tout le monde se méfie des gitans.*

— *Tout le monde se méfie aussi des chats noirs, alors nous sommes quittes, sourit Amadéo, amusé.*

— *Le monde est idiot ! Dit à ce moment-là Paquita, une ravissante gitane, en brandissant une cuillère en bois. Je vous invite à goûter ma cuisine.*

Au menu : les truites que Miguel a pêchées dans le rio il y a cinq minutes, avec les champignons que j'ai moi-même ramassés, et les poivrons et artichauts que ma grand-mère a préparés.

Alors, c'est la fiesta. Sans comprendre ce qui lui arrive, Amadéo se retrouve sur les genoux d'une gitane qui le caresse.

Il est bouleversé, cela ne lui était jamais arrivé.

— *Que tu es beau !*

— *Ah bon ? Tu crois ? La fermière disait que j'étais affreux !*

— *Sornettes ! Je vais te tirer les cartes. Hm, hm, je vois plein de bonnes choses : une maison, un garçon, une fille — pour le moment la petite fille pleure, des coquilles, des poissons, beaucoup de travail !*

Amadéo est interloqué.

— *Mais tu vois cela dans quoi ?*

— *Dans mes cartes, idiot ! Je suis un peu sorcière puisque je suis gitane, dit-elle en riant très fort.*

— *Ah ! C'est pour cela que tu me trouves beau ! La fermière, qui me détestait, m'appelait toujours "fils de sorcière !".*
— *Eh bien tu vois : qui se ressemble, s'assemble ! Il faut de tout pour faire un monde !*

Pendant ce temps, Pietre est subjugué par les sons que Manuelito tire de sa guitare. Il est accompagné par les trilles d'un merle noir qui ponctue chaque couplet de "Manuelito, muy bonito".

— *Manuelito, c'est moi. C'est mon meilleur élève ! Dit-il, montrant fièrement le merle.*
— *Il a bien de la chance ! Répond Pietre. Moi aussi j'aimerais bien être ton élève et savoir jouer d'un instrument aussi bien que toi de ta guitare !*
— *Tiens, essaies ! Je vais te montrer les premiers accords. Sais-tu que tu es très doué ? Reprend-il au bout d'un instant.*

— *À la soupe ! Chantonne Paquita. Venez tous autour de moi.*

Ils font honneur au dîner.

— *C'était rudement bon, dit Jules César en se léchant le bout des doigts.*
— *Allons, les festivités ne sont pas terminées ! Passons maintenant au cours de "sevillanas" !*

Amadéo, qui n'a pas épuisé le goût des caresses, reste paresseusement sur les genoux de la gitane.

Ulké et Jules César se révèlent très doués. Il n'en va de même de Pietre, raide comme un manche à balai !

La nuit est tout étoilée; la lune monte et descend dans le ciel, le feu n'est plus qu'un tas des braises rougeoyantes, il faut aller se coucher.

Étape 31 : de VILAR DE DONAS à ARZUA

Les compliments de Pietre sur sa musique sont allés droit au cœur de Manuelito.

— *Tiens, dit-il en lui tendant une guitare, je sens en toi un 'frère" en musique. Ce sera un souvenir de notre rencontre.*

— *Oh, je ne peux pas ! Elle est trop belle !*

— *Si, si, les cadeaux entretiennent l'amitié, et à notre prochaine rencontre, je tiens absolument à danser au son de "ta" musique !*

Pietre en a les larmes aux yeux.

— *J'y ferai bien attention, promet-il.*

Après de grands adios, ils reprennent le Camino. Il fait encore très chaud, et en traversant Palas de Rey, ils plongent dans la fontaine. Jules César est allé tout en haut pour parler au Saint-Jacques :

— *Santiago, écoute moi. J'ai peur : le Camino est bientôt fini. Saint François d'Assise a dû te parler de nous. Qu'allons nous devenir ?*

Tout en se rafraîchissant dans la fontaine, Ulké leur raconte :

— *Palas de Rey est une bien vieille ville : son nom vient du latin Palatium Regis. C'était en 701 la ville d'un roi wisigoth nommé Witiza.*

Sortant de la fontaine, ils reprennent le Camino.

— *C'est drôle, dit Amadéo, nous sommes tout près de Santiago, j'ai hâte d'arriver, pourtant je voudrais que notre voyage ne finisse jamais.*

— *C'est la même chose pour moi, dit la souris d'une toute petite voix.*

— *Oui, j'espère que nous allons trouver une bonne solution pour vous, dit Ulké, préoccupée. Je m'en voudrais de vous avoir entraînés jusqu'ici, si ce n'était pas pour votre bonheur !*

— *Oh, surtout ne t'en fais pas pour nous ! Nous te sommes tous les trois très reconnaissants de nous avoir emmenés avec toi et de nous avoir fait connaître le Camino !*

— *Oui, renchérit Amadéo, nous avons appris une multitude de choses sur le monde et les hommes qui l'habitent !*

Une rivière serpente paresseusement au milieu de vertes prairies. Les fermes se reconnaissent à leurs "horreos" décorés ; les géraniums jettent des notes de couleurs vives. Ils arrivent près d'un lavoir. Les femmes frappent vigoureusement le linge de leur battoir pour le rendre plus blanc. Les enfants s'en emparent aussitôt pour l'étaler sur des rochers au soleil.

— *Comme c'est joli ! Remarque Amadéo.*
— *Oui, nous avons de la chance de faire cette partie du voyage sous le soleil, car ici il pleut très souvent. Regardez comme l'herbe est verte !*

Bientôt, les bois qu'ils traversent se transforment en forêt. Des eucalyptus, d'abord rares, se font de plus en plus nombreux et remplacent les chênes et les pins habituels.

— *Comme leur feuillage est joli !*
— *Quel vert délicat ! Dit Amadéo, toujours sensible aux couleurs.*
— *Cela sent bon !*
— *C'est avec les feuilles de ces arbres que l'on fait de bonbons à l'eucalyptus pour combattre les méfaits de l'hiver.*
— *Oh, regardez ce minuscule abri en grosses dalles de granit ! Il y a un drôle de petit personnage à l'intérieur !*
— *On dirait une statue païenne préhistorique !*
— *Pourtant il joint les mains. Il a l'air de faire une prière.*
— *Arrêtons-nous un peu, propose Pietre, ce petit personnage m'intrigue.*
— *Il a la chance d'être protégé du soleil, lui ! J'ai soif !*

Ils reprennent le chemin à la queue leu leu car il est étroit.

— *Et ça, qu'est-ce que c'est ?*

— *Oh, ça ! C'est plutôt triste : c'est un monument à la mémoire d'un vieil Américain, mort d'épuisement un jour avant d'avoir terminé son pèlerinage.*
— *Il n'a pas eu de chance !*
— *Sa famille a fait couler ses chaussures de marche dans le bronze pour que les autres pèlerins, plus chanceux, aient une petite pensée pour lui en passant.*
— *Il est mort comme un pèlerin du Moyen-Age !*
— *Il n'est pas le seul à avoir succombé en chemin. Nous avons traversé le village d'El Acebo, où la famille d'un cycliste a élevé un autre monument-souvenir : une bicyclette et un gourdon en mémoire de leur enfant.*
— *Maintenant que j'ai vu cela, j'ai hâte d'arriver !*

— *Comme il fait beau, nous pouvons dépasser la ville d'Arzua et coucher à la belle étoile.*

— *D'accord.*

— *Nous quittons la province de Lugo pour entrer dans celle de la Coruna, la province où se trouve la ville de Santiago.*

Ils dépassent Melide, Arzua ; leur hâte d'arriver est telle qu'ils n'ont plus envie de rien visiter.

— *J'ai compté, dit Pietre : aujourd'hui, nous avons traversé dix cours d'eau et vu trois magnifiques calvaires.*

— *C'est à cause de tous ces rios et de la pluie que la région est si verte !*

— *Demain, avant d'arriver à Santiago, nous nous arrêterons à Lavacolla, et nous respecterons la Tradition. Je vous raconterai cela pendant notre dernière étape. Mais ce soir, de nouveau, nous sommes comme des pèlerins du Moyen-Age, nous n'avons pas grand-chose à manger, et nous allons coucher dehors.*

— *Je pourrais vous faire un peu de musique,* propose Pietre. *Depuis ce matin l'air de Manuelito me trotte dans la tête.*

C'est un repas très frugal. On a retrouvé tout au fond du sac un peu de pain sec et quelques olives.

— *Cela change de la fiesta d'hier soir,* dit Amadéo, mélancolique, qui regrette surtout les caresses.

— *C'est bien, je trouve,* dit Jules César, *pour une fois raisonnable. Nous apprécierons mieux Compostela !*

Étape 32 : de LAVACOLLA à SAINT-JACQUES DE COMPOSTELLE

Ils sont réveillés à l'aube. Le ciel est encore tout rose et les oiseaux chantent à tue-tête. Là-haut, des nuages argentés ressemblent à un troupeau de moutons.
Des gouttes de rosée brillent comme des diamants.

— *Regarde, Amadéo, tu as une goutte de rosée à la moustache !*

— *Et toi, sur l'oreille !*

— *J'ai un peu froid, dit Pietre. Il nous manque le feu des gitans.*

— *Partons, dit Ulké. Lavacolla est loin, nous devons y prendre un bon bain.*

— *Un bain ?*

— *Oui, et je vais vous raconter pourquoi. Au Moyen-Age, lorsque les pèlerins arrivaient enfin, après toutes leurs tribulations, à Lavacolla, ils étaient crasseux, pouilleux, couverts de vermine, car ils n'avaient pas la chance d'avoir de bonnes douches chaudes comme nous, pèlerins modernes. Et, pour ne pas contaminer la population de Santiago, il était coutume qu'ils se déshabillent entièrement et qu'ils lavent leur corps et leurs vêtements dans le rio. Ils pouvaient alors se présenter devant Saint-Jacques sans honte et sans se gratter ! ! !*

Ils arrivent devant un joli ruisseau que de grosses dalles moussues traversent de part en part.

— *Quel pont merveilleux !*

— *De tous ceux que nous avons empruntés, c'est celui que je préfère, dit Amadéo, s'élançant agilement d'une dalle à l'autre.*

— *Oui, il est peut-être romantique mais moi je suis trop petit. Au secours ! Ne me laissez pas derrière, si près du but ! Crie Jules César pris de panique.*

Le brave Pietre se retourne et l'aide à franchir le rio. Les hameaux se succèdent, le Camino, bordé d'arbres magnifiques, creuse un profond sillon dans la forêt.

— *Je me demande, dit Jules César en passant devant un énorme châtaignier, combien de pèlerins cet arbre a vu passer !*

— *Il a peut-être vu le tout premier.*

— *Tu ne parles pas sérieusement ?*

— *Si, on connaît un châtaignier en Sicile, sur le mont Etna, qui a près de quatre mille ans. Il est tellement célèbre qu'il a même un nom : le châtaignier aux cent chevaux.*

— *Quatre mille ans !*

— *Si c'était celui-ci, il aurait vu passer : la protohistoire, les civilisations grecque, romaine, wisigothique, aryenne, chrétienne, musulmane !*

— *C'est incroyable !*

— *Mais pourtant vrai !*

— *À tous les quatre, avec nos pattes et nos ailes, nous ne pouvons même pas en faire le tour, dit Pietre admiratif.*

— *Quel dommage que les arbres ne puissent pas parler !*

Ils arrivent au mont Gaudii — en Latin — ou Monte del Gozo, que les Français appellent le Mont-joie car du haut de ses 368 mètres on aperçoit Compostela.

— *La montagne du bonheur !*
— *Comme c'est joli !*
— *Oui, lorsque les pèlerins avaient réussi à parvenir jusqu'ici, c'était déjà presque un miracle ! Ils faisaient alors la course et le premier qui arrivait au sommet et voyait Santiago de Compostela était déclaré Roi. Il en tirait une telle fierté que, bien souvent, il n'utilisait plus son véritable nom mais se faisait appeler Leroy.*
— *Et il est où, ton Mont-joie ?* Demande Jules César innocemment.
— *Là, devant toi !*
— *En avant Santiago !* Hurle Jules César en s'élançant de toutes ses forces.

Les autres, pris par surprise, ne peuvent le rejoindre à temps, même Pietre avec ses grandes pattes, qui a du mal à rester debout tant il rit. Amadéo s'est effondré dans l'herbe, la tête la première. Ulké a bien essayé de tricher et de s'envoler jusqu'au sommet, mais elle n'a pas réussi à se libérer de son bâton et de ses gourdes d'eau.

— *C'est moi le roi ! C'est moi le roi !* Exulte Jules César.
— *C'est toi le roi, sans nul doute !*
— *Il faut dire que tu as un nom prédestiné pour gouverner,* pouffe Pietre.

Ils arrivent à Lavacolla.

— *Mais ce n'est pas possible ! Regardez cette piste d'atterrissage et ces avions ! Où est le rio ?*
— *C'est le tribut aux temps modernes. Je suppose que les hommes ne pouvaient pas faire autrement. Nous allons chercher le rio Lavacolla un peu plus loin.*
— *Oui, je veux coûte que coûte respecter la tradition !*

Amadéo est le premier dans l'eau.

— *Mes oreilles sont-elles impeccables ? Et mon dos ? Je ne le vois pas ! J'aurais vraiment horreur d'arriver à Santiago comme un malpropre.*
— *Et moi, ma fourrure est-elle bien blanche ?*
— *Oui, Sire ! Votre majesté est superbe !*

Ulké, quant à elle, s'applique à bien lisser ses petites plumes follettes. Seul le chien, après son bain, s'est secoué sans façon. Il est prêt et attend patiemment les autres. Nous voilà tous beaux : nous pouvons faire une entrée digne à Santiago ! Ils repartent joyeux. La circulation, la modernité des abords de la ville et la laideur habituelle des faubourgs n'entament pas leur ardeur. Pietre remarque seulement :

— *Je suis sûr que c'est la seule partie du Camino que les anciens ne reconnaîtraient pas !*

Un petit nuage qu'ils n'avaient pas remarqué s'est transformé en chape de plomb, et avant qu'ils n'aient compris ce qui leur arrive, le ciel leur tombe sur la tête : ils sont trempés de la tête aux pieds !

— *Bien la peine que l'on s'astique !* Fulmine Jules César. *Me voilà tout crotté !*
— *C'est typique de la Galice,* dit Ulké, *philosophe.*

L'ARRIVÉE À SAINT-JACQUES-DE-COMPOSTELLE

Ils entrent dans Santiago, aux superbes rues de style baroque, dont les façades scintillent de mille éclats de mica sous les rayons du soleil maintenant revenu. Il y a un monde fou. Des enfants en uniforme se dépêchent pour ne pas être en retard à l'école. Étudiants et hommes d'affaires prennent un dernier petit café dans les bars. Des ménagères se hâtent vers le marché, où des millions de fruits et légumes, en pyramides multicolores, attirent le regard. Les restaurants aux vitrines remplies de mollusques de toutes sortes, étonnent par la variété de leurs produits.

— *Mon Dieu ! Que tout a l'air appétissant ! S'exclame Amadéo.*

— *Nous reviendrons plus tard ! Disent les autres impatiemment. Vite, à la cathédrale !*

— *Regardez, sur ce mur, il y a la représentation de la barque sur laquelle est arrivé Santiago.*

Après s'être un peu perdus, ils arrivent enfin Plaza del Obradoiro et restent sans voix, émerveillés par la splendeur du lieu et la munificence de la cathédrale.

— *Ah ! Je m'attendais à quelque chose de grandiose, mais là, c'est encore plus beau que je ne l'imaginais ! C'est absolument splendide !*

Après ces quelques minutes de contemplation, ils sont pris d'un bonheur irrépressible et se mettent à danser, se tenant par les pattes et les ailes.

— *Nous y sommes arrivés ! Nous y sommes arrivés ! Ils rient à gorge déployée et chantent à tue-tête.*

Les touristes, toujours présents, commencent à s'attrouper autour d'eux.

— *Ah non ! Pas aujourd'hui !*

— *Nous devons aller présenter nos crédenciales pour obtenir notre "Compostela".*

— *Ah, enfin ! Dit le prêtre qui les accueille. Depuis le temps que je vous attends ! Les nouvelles vont plus vite que les pèlerins ! Je suis curieux : dites-moi, pourquoi avez-vous fait le pèlerinage ?*

Brièvement, Ulké raconte comment elle a trouvé ses petits compagnons en détresse et comment, connaissant la réputation de Saint-Jacques de Compostela, elle a pensé à les amener ici.

— *Admirable ! Admirable ! Quelle merveilleuse histoire ! Nous allons vous prendre en photo pour vous mettre dans le journal, comme nous le faisons tous les jours avec les pèlerins les plus intéressants.*

Il choisit avec soin son tampon le plus neuf et l'appose sur les crédenciales, déjà bien remplies, de chacun. Puis il prend sa plume et s'applique à faire la plus belle signature possible.

— *Là ! Dit-il avec satisfaction, voilà vos crédenciales, ce sera un beau souvenir de votre aventure commune. Vous pouvez aller au Monastero Minor, une école dont le dernier étage est réservé aux pèlerins. Vous y dormirez très bien et vous aurez une vue merveilleuse sur tout Compostela ! Et puis l'Hostal de Los Reyes catolicos offre à manger aux dix premiers pèlerins qui se présentent chaque jour. Je vous conseille d'essayer. C'est un superbe Parador. Demain, à la grand-messe, nous vous demanderons exceptionnellement d'aider pour le Botafumeiro, on le fait rarement marcher, mais vous êtes des pèlerins qui sortent de l'ordinaire !*

Ils retournent Plaza del Obradorio. Ils veulent arriver jusqu'à la cathédrale par les magnifiques escaliers du perron. Ils se tournent de tous côtés : derrière eux, le palais Rajoy, commencé en 1766 ; à gauche, le magnifique Hostal de Los Reyes Catolicos, du début du seizième siècle ; à droite, le collège San Jeronimo de Artista, du dix-septième siècle.

— *Comme c'est beau !*

— *Ulké, raconte-nous la cathédrale !*

— *La façade que vous voyez là*, dit Ulké toujours complaisante, *est du dix-huitième siècle. Elle est de style baroque et a été conçue par Casas y Novos en 1738.*

— *Cet homme devait avoir un caractère optimiste,* dit Amadéo, *pour imaginer un tel édifice !*

— *Et ne pas souffrir du vertige,* souligne Pietre. *Regardez la hauteur de ces tours.*

— *Ce que vous voyez là,* reprend Ulké, *est en fait la troisième église construite à cet endroit. Lorsque les restes de Saint-Jacques furent découverts par l'ermite Pelayo, on demanda à la cruelle reine Luppa des animaux de trait pour emporter les reliques dans un lieu sûr en attendant de construire une petite chapelle. La méchante reine, qui abhorrait les chrétiens, leur prêta ses taureaux les plus sauvages. Quelle ne fut pas sa surprise lorsqu'elle vit ses féroces taureaux ingouvernables, devenus doux comme des agneaux, se prêter à tous les désirs des hommes. Elle y vit un miracle et aussitôt se convertit.*

La nouvelle des miracles de Saint-Jacques s'étant répandue à travers l'Europe, très vite cette chapelle devint trop petite pour recevoir tous les croyants, on construisit une église plus grande en 889. Mais les Arabes musulmans, qui gouvernaient alors la majeure partie de l'Espagne, très mécontents, vinrent faire une razzia et détruisirent toute l'église à l'exception du tombeau de l'apôtre. Le roi maure El Mansour, pour marquer son dédain, fit boire son cheval dans les fonds baptismaux. Il fit aussi porter les lourdes cloches, à dos de chrétiens, jusqu'à la ville de Cordoba, à l'époque, grand centre de rayonnement musulman.

— *Oh ! Priver une église de ses cloches, c'est la rendre muette !*

— *C'est exactement ce que voulait El Mansour. Mais l'histoire peut être drôle : au treizième siècle, ce sont des prisonniers maures qui rapportèrent ces mêmes cloches, sur leur dos, à Santiago de Compostela. Enfin, en 1105, débuta la construction de la cathédrale actuelle. Elle était presque terminée en 1128, bien que, depuis ce temps-là, on l'ait beaucoup retouchée : de pur style roman au départ, chaque siècle lui a apporté ses touches de styles différents. Allons voir maintenant l'un des apports le plus merveilleux : le Porche de la Gloire, de Maître Mateo, datant de 1188.*

— *Tu as raison, Ulké, c'est fan-tas-tique !*
— *Comme le Christ est beau !*
— *Pourquoi est-il beaucoup plus grand que les autres ?*
— *L'artiste voulait sûrement signifier sa supériorité en tant que fils de Dieu. Chacun des apôtres qui l'entoure a son signe.*
— *Comme l'aigle est magnifique ! Il ressemble à nos amis du Camino.*
— *Et que font ces anges avec cette croix ?*
— *Ils portent les instruments de la Passion.*
— *Nous retrouvons les vieux sages de l'Apocalypse, dit Pietre, très excité. Je suis sûr qu'ils vont nous donner un concert merveilleux, regardez comme ils ont l'air de bonne humeur ! On dirait qu'ils se racontent des histoires drôles en attendant de commencer leur morceau de musique.*
— *Tu voudrais bien être avec eux, se moque gentiment Jules César.*
— *Non, dit Pietre modeste. Je suis encore un bien mauvais musicien. Tu te rends compte du scandale s'il y avait une fausse note à ce moment-là ! Et si c'était moi le responsable, j'en mourrais de honte !*

— *Une deuxième fois, dit Ulké en riant, car je ne pense pas que le jugement dernier soit tout proche. Et pour un ressuscité, ce serait du plus mauvais goût, tu risquerais fort d'embarrasser le Seigneur.*
— *Cela ferait désordre, ajoute Jules César, les yeux brillants d'impertinence.*
— *Et ce jeune homme entouré de ces hommes barbus, pourquoi rit-il ainsi ?*
— *C'est le prophète Daniel, on dit qu'il sourit à Sainte-Suzanne de l'autre côté du porche ; il a l'air de la trouver fort à son goût.*
— *Reprenons, dit Ulké. La colonne centrale représente l'arbre de Jessé.*
— *Qu'est-ce que c'est ?*
— *L'arbre généalogique de la Vierge Marie, et par conséquent de son fils Jésus. La colombe, tout en haut, représente le Saint-Esprit. Et le vieil homme est Dieu le Père. Au-dessus de tous ces symboles, c'est Santiago lui-même qui nous accueille.*
— *Que sont ces petits trous que tous les pèlerins touchent ?*
— *Il faut aussi que tu te frappes le front contre la statue de Maître Mateo si tu veux bénéficier de ses idées et te mettre un peu de plomb dans la cervelle !*

— *Ah ça ! On dit que c'est l'empreinte de la main de Maître Mateo et que si l'on fait un vœu en mettant ses propres doigts dans les petits trous, on obtient des grâces.*
— *Mais pourquoi ne l'as-tu pas dit plus tôt ? Dit en se précipitant la petite souris. J'ai des tas de choses à demander, moi !*

Ayant tous accomplis les gestes traditionnels, ils entrent dans la cathédrale. Ils déambulent, heureux, regardant tout avec le sentiment d'être à l'abri des tracasseries de la vie ordinaire et d'avoir, à force de persévérance, acquis une grande force intérieure.

— *Qu'on est bien ! Soupire Jules César. Je ne sais pas pourquoi mais pour l'instant je n'ai plus peur de l'avenir.*
— *Quelle merveilleuse paix, et en même temps quelle extraordinaire agitation, dans cet immense vaisseau de pierre : tout le monde entre et sort, parle et rit ; cela n'a pas l'air de gêner ceux qui prient, remarque Amadéo.*
— *C'est parce qu'une église, en réalité, est une maison, et que cette maison-ci appartient à tous ces hommes de bonne volonté qui sont venus du monde entier.*
— *Même s'ils ne sont pas catholiques ?*
— *Bien sûr ! Beaucoup des pèlerins que nous avons rencontrés sur le Camino ne sont pas catholiques, certains même se disent athées, mais ceci est quand même leur maison. Regarde celui-ci, qui te disait l'autre jour qu'il ne croyait en rien, surtout pas en Dieu, comme il a l'air content, comme son visage d'habitude tourmenté est tout à coup paisible !*

Les voici enfin dans le chœur de la cathédrale. Ils admirent les orgues fantastiques, puis se dirigent vers l'autre côté de l'autel, où un petit escalier les emmène derrière la statue de Saint-Jacques. Ils sont obligés de faire la queue, tant il y a de pèlerins, puis passent, qui son aile, qui sa patte, autour du cou du Saint, pour toucher la croix du pèlerinage.

— *À demain, Santiago ! Murmure la petite souris. Écoutez bien votre ami François d'Assise.*

— *Descendons dans la crypte, visiter la châsse de Santiago. Regardez comme l'étoile brille !*

— *Mais c'est un tout petit tombeau !*

— *C'est que les restes du Saint ont tellement souvent changé de place qu'ils doivent être cassés ; alors, quand on les a une fois de plus retrouvés, on les a réunis dans cette châsse d'argent.*

— *Une fois de plus ?*

— *Oui, en 1589, l'archevêque Juan de San Clemente cacha les reliques du Saint car il avait grand-peur du corsaire anglais Drake, qui avait une réputation de pilleur. On oublia l'emplacement de la cachette, jusqu'au 19 février 1879 où elle fut découverte.*

— *Eh bien, j'espère que cette fois-ci, c'est la bonne place !*

— *Tu nous avais dit que nous pourrions voir le collier d'or de Don Suero de Quinones,* rappelle Amadéo.

Je veux absolument le voir avant de quitter la cathédrale.

— *Alors, il faut visiter le trésor dans la chapelle de las Reliquas.*

Amadéo ne se lasse pas d'admirer le beau collier.

— *Quand je pense que nous ne saurons jamais ce qui se passa avec la dame de ses rêves, c'est bien dommage !* Soupire-t-il.

— *Allez, venez, il faut que nous allions à notre dernier refugio du Camino.* En partant, ils passent devant la Porte Sainte.

— *Voici encore des sculptures de Maître Mateo.*
— *Je l'aurais juré : elles sont si belles !*
— *Elles se trouvaient dans le chœur, à l'intérieur de la cathédrale. Elles représentent les vieux prophètes et les apôtres.*
— *Pourquoi cette porte est-elle fermée ?*
— *On ne l'ouvre que le 31 décembre de l'année précédant l'Année Sainte, celle où la fête de Saint-Jacques tombe un dimanche.*
— *Et ça ? Qu'est-ce que c'est ? dit Amedeo montrant de sa patte des signes gravés dans la pierre*
— *C'est bizarre !*
— *Oh, ce sont tout simplement des signatures ! Les ouvriers du Moyen-Age voyageaient beaucoup, de chantier en chantier. Quand ils avaient terminé un ouvrage, ils avaient l'habitude de le signer dans un coin. Chacun avait son signe particulier. C'était une façon de savoir qui avait travaillé à quoi, et sur combien de chantiers et dans quels pays chacun avait été.*

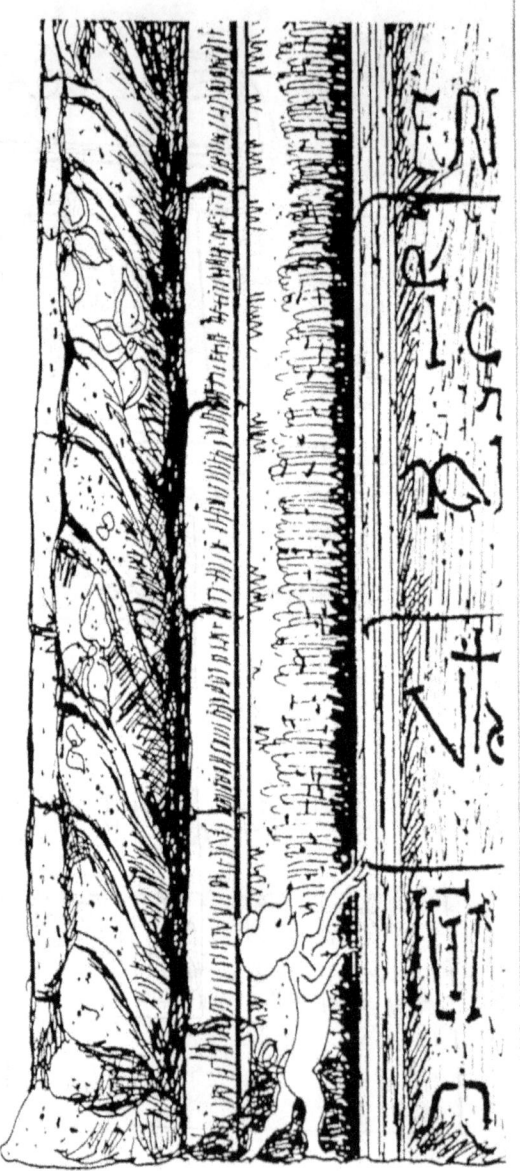

Ils retraversent la ville en empruntant une rue très étrange, sans maisons, bordée de grands murs sur lesquels sont sculptées des coquilles Saint-Jacques, vieilles reliques des temps anciens. Ils montent quelques marches pour arriver au couvent de Santa Clara dont ils admirent la façade, et poursuivent leur route jusqu'au Seminario Minor où ils doivent dormir.
Ils ont un succès fou auprès des jeunes pensionnaires du Seminario.

— *D'où venez-vous ?*
— *Vous êtes si différents des autres pèlerins !*

Ils répondent de bon cœur à tous ces jeunes enfants, qui n'en croient ni leurs yeux, ni leurs oreilles. On les tire, on les pousse, on les débarrasse de leurs maigres colis, on les entraîne avec de grands cris de joie et des hurlements d'excitation, par les grands escaliers qui mènent aux immenses dortoirs destinés aux pèlerins. Tous les élèves se disputent l'honneur de préparer leurs lits. Ils en choisissent quatre, devant les fenêtres qui donnent sur toute la ville.

— *Quelle vue splendide ! S'exclame Ulké. C'est comme si je volais.*

Pietre ne dit rien ; d'un seul coup, il est devenu vert.

— *Pitié ! Pitié ! Je ne suis pas venu jusqu'ici pour avoir mon lit dans un endroit pareil ! Il me serai impossible de dormir.*

Les enfants ne comprennent pas.

— *Vertige, il a le vertige,* glisse tout doucement Amadéo à l'oreille d'un jeune garçon.

Aussitôt dit, le lit de Pietre est refait dans le coin le moins agréable de tout l'étage, tout noir, sans vue, tourné du côté des lavabos.

— *Là, je serai très bien,* dit Pietre avec satisfaction devant la mine étonnée des garçons. *Vraiment très bien !*

Le lendemain, ils sont réveillés par les jeunes pensionnaires, encore plus excités que la veille. Ils brandissent un journal.

— *Regardez ! Regardez ! Vous êtes tous les quatre dedans.*

— *On raconte votre histoire.*
— La photo est assez ressemblante, *constate Jules César tout gonflé d' importance.*
— *Pouvez-vous signer votre nom ? Comme souvenir.*
— Bien sûr, *dit Ulké gentiment*, mais laissez-nous d' abord le temps de nous lever.
— Et de nous laver, *ajoute Amadéo qui a pris goût aux ablutions matinales.*

Enfin prêts, ils laissent leurs autographes sur des dizaines de journaux. Les enfants sont ravis et se bousculent :

— *Nous avons la permission d' aller à la messe de la Cathédrale. Ils disent dans l' article que vous allez faire marcher le Botafumeiro ; nous voulons être là.*

En sortant du Monasterio Minor, ils visitent le Museo del Pueblo Gallego, dans l' ancien couvent Santo Domingo, en attendant l' heure de la messe.

— *Quel magnifique escalier !* S' exclame Amadéo, *toujours aussi sensible aux belles choses.*
— *On l' appelle l' escalier Caracol.*
— *Caracol ?*
— *Oui, cela veut dire escargot en espagnol.*
— *C' est vrai que ces spirales ressemblent fort à celles d' une coquille d' escargot.*
— *Mais la véritable intention de l' architecte a été de suggérer, par la triple spirale de son escalier, la triple ascension du corps, de l' âme et de l' esprit.*
— Et, c' est moi l' esprit, *dit Ulké en s' envolant subitement jusqu' en haut. Ils rient.*
— *Il est l' heure maintenant. Allons à la cathédrale.*

Un formidable rassemblement de touristes les attend devant la cathédrale, leur journal sous le bras.

— Les voilà ! Les voilà ! *Baragouinent-ils dans toutes les langues.*

C'est encore pire qu'avec les enfants la veille. Les Japonais, qui se trouvent trop petits derrière les Scandinaves, se faufilent à quatre pattes entre leurs jambes. Un grand Belge manque d'assommer un Allemand plus grand encore, qui lui a mis par mégarde son coude dans l'œil. Un petit Italien se dispute avec une mamma grecque qui lui a marché sur les pieds. Les flashs des appareils photos crépitent sans discontinuer.

Heureusement que les enfants sont là ; ils leur servent de gardes du corps.

Ils peuvent enfin pénétrer dans la cathédrale et là, les touristes doivent bien se calmer. La sérénité ambiante finit par les toucher et leur rendre leur dignité.

Toujours accompagnés de leur troupe d'enfants, ils vont à la sacristie où on leur confie le Botafumeiro.

Pietre y met une bonne dose d'encens. Ulké, Jules César et Amadéo tirent de toutes leurs forces sur les grosses cordes. Et voilà que le magnifique encensoir tangue et navigue doucement dans ce grand vaisseau de pierre, une courbe lente d'abord, puis de plus en plus rapide. La foule des fidèles suit des yeux le majestueux voyage du Botafumeiro, puis se lève spontanément et applaudit à tout rompre.

Tous leurs souvenirs du Camino, la fatigue, la douleur, le bonheur, les amitiés nouées au hasard des rencontres, les passants anonymes qui les ont aidés et qui tous leur ont demandé :

— *Priez pour nous à Santiago de Compostela*, tout se bouscule dans leurs têtes.

Jules César prie très fort :

— *Santiago, et vous, Saint-François d'Assise, n'oubliez pas que je compte sur vous.*

Le prêtre monte en chaire et commence à réciter les noms des pèlerins arrivés la veille :

— *Nous allons dire cette messe avec une intention spéciale pour : Uilkje et Pietre, pèlerins de Hollande, André, de Pau, Papychette et Peter, pèlerins de France et d'Angleterre, Marion et Maria, du Canada, Anne, de Suisse, Gédéon et Andréas, de Berne, Juan et Manuel de Granada, Guillermo, du Brésil, Philip, d'Australie, et surtout,* dit-il en marquant un arrêt, *surtout, n'oublions pas nos célèbres jacobipèdes, pardon, excusez-moi, je voulais dire nos célèbres jacobi-bêtes, Ulké et Pietre, Amadéo et Jules César. Je tiens à dire que ces derniers devront se rendre à la sacristie après la messe. Avec l'aide du Seigneur une heureuse issue à leurs problèmes viendra peut-être combler les espoirs de ces valeureux pèlerins.*

En entendant ces mots, Jules César défaille presque d'émotion.

— *Oh ! Saint-François d' Assise, et vous Santiago, ce n' est pas de la blague, vous m' avez entendu. Je ne sais pas encore ce qui va se passer, mais je vous en remercie de tout cœur à l' avance.*

Amadéo, Pietre et Ulké se regardent étonnés. Que va-t-il arriver ?

La messe est finie, nos quatre pèlerins se précipitent à la sacristie. Il y a là une famille entière qui les attend. Un grand-père et une grand-mère, le père et la mère, et surtout trois petits enfants.

En les voyant le père leur dit :

— *Nous avons appris par le journal que vous n' aviez pas de maison. Nous non plus. Nous étions à l' étranger lorsqu' un terrible tremblement de terre a entièrement détruit notre maison. Dieu merci, nous avons la vie sauve. Et nous avons l' intention de tout recommencer ici, notre pays d' origine. Mes parents possédaient une vieille ferme en ruines du côté de Padron, vers le cap Finisterra. Si le cœur vous en dit, vous êtes les bienvenus. Les enfants sont si tristes d' avoir dû quitter leurs petits amis qu' ils ont bien besoin d' un chat et d' un chien.*

— *Oh ! Dites aussi d' une petite souris !* Pense intérieurement Jules César affolé à l' idée de perdre ses amis.

Le père, voyant l' air malheureux de Jules César, dit aussitôt :

— *Et bien sûr, d' une petite souris. Il ne me viendrait pas à l' idée de vous séparer !*

Puis il se tourne vers Ulké :

— *Vous serez toujours la bienvenue chez nous. Vous pourrez faire escale chaque année à la maison avec votre famille, et nous raconter vos voyages.*

Jules César, Amadéo et Pietre bondissent de joie.

— *Nous partirons dès cet après-midi, car nous avons beaucoup de travail devant nous.*

Anxieux, les enfants attendent la réponse de Pietre, d' Amadéo et de Jules César.

— *Youpi !* Hurle celui-ci, ivre de joie. *Je le savais ! Merci, merci, merci encore !* Puis, un peu calmé, il se tourne vers le père de famille : *vous ne le regretterez pas, parole d' honneur !*

Ulké, cet après-midi-là, fait sa dernière marche à pied pour les accompagner jusqu' à la ruine qui leur servira de maison. Il est important qu' elle sache où elle pourra les retrouver l' année prochaine lors de son voyage annuel.

— *La maison sera bien différente quand vous reviendrez; nous allons travailler dur,* dit le père.

— *Cela ne nous empêchera pas de profiter de la campagne et de la mer,* ajoute la mère avec un sourire.

— *J' en suis bien sûre,* répond Ulké. *S' il n' y avait pas ma famille qui s' inquiète pour moi, je serais bien restée avec vous pour vous aider.*

Le lendemain, très tôt, nos quatre petits amis se dirigent vers la mer. C' est là que Pietre, Amadéo et Jules César, la gorge nouée par l' émotion, leurs larmes dégoulinant sans retenue, voient la grande oie sauvage prendre son envol majestueux. Elle fait un dernier petit salut et disparaît là-bas, à l' horizon.

— *Allez ! Rentrons, nous avons du travail,* dit Pietre d' une voix bourrue.

Credencial del Peregrino

Quelques compagnons de route

Papychette sur Le Chemin

L'equipe au complet

Peter, Ulke et Pietre

Papychette

Peter

Pose déjeuner sur Le Camino

www.ingramcontent.com/pod-product-compliance
Lightning Source LLC
Chambersburg PA
CBHW081204170426
43197CB00018B/2920